Bondad inesperada

Dr. Joe Vitale

Bondad inesperada

Historias autobiográficas de gratitud

EDICIONES OBELISCO

Si este libro le ha interesado y desea que le mantengamos informado de
nuestras publicaciones, escríbanos indicándonos qué temas son de su interés
(Astrología, Autoayuda, Psicología, Artes Marciales, Naturismo,
Espiritualidad, Tradición…) y gustosamente le complaceremos.

Puede consultar nuestro catálogo en www.edicionesobelisco.com

Colección Autoayuda
BONDAD INESPERADA
Dr. Joe Vitale

1.ª edición: junio de 2025

Título original: *Unexpected Kindness*

Traducción: *Verónica d´Ornellas*
Corrección: *Elena Morilla*
Diseño de cubierta: *Enrique Iborra*

© 2024, Dr. Joe Vitale
Edición publicada por acuerdo con Walterside Productions, Inc.,
a través de International Editors & Yáñez Co, S.L.
(Reservados todos los derechos)
© 2025, Ediciones Obelisco, S. L.
(Reservados los derechos para la presente edición)

Edita: Ediciones Obelisco, S. L.
Collita, 23-25. Pol. Ind. Molí de la Bastida
08191 Rubí - Barcelona - España
Tel. 93 309 85 25 - Fax 93 309 85 23
E-mail: info@edicionesobelisco.com

ISBN: 978-84-1172-285-8
DL B 5409-2025

Printed in Spain

Impreso en España en los talleres gráficos de Romanyà/Valls S. A.
Verdaguer, 1 - 08786 Capellades (Barcelona)

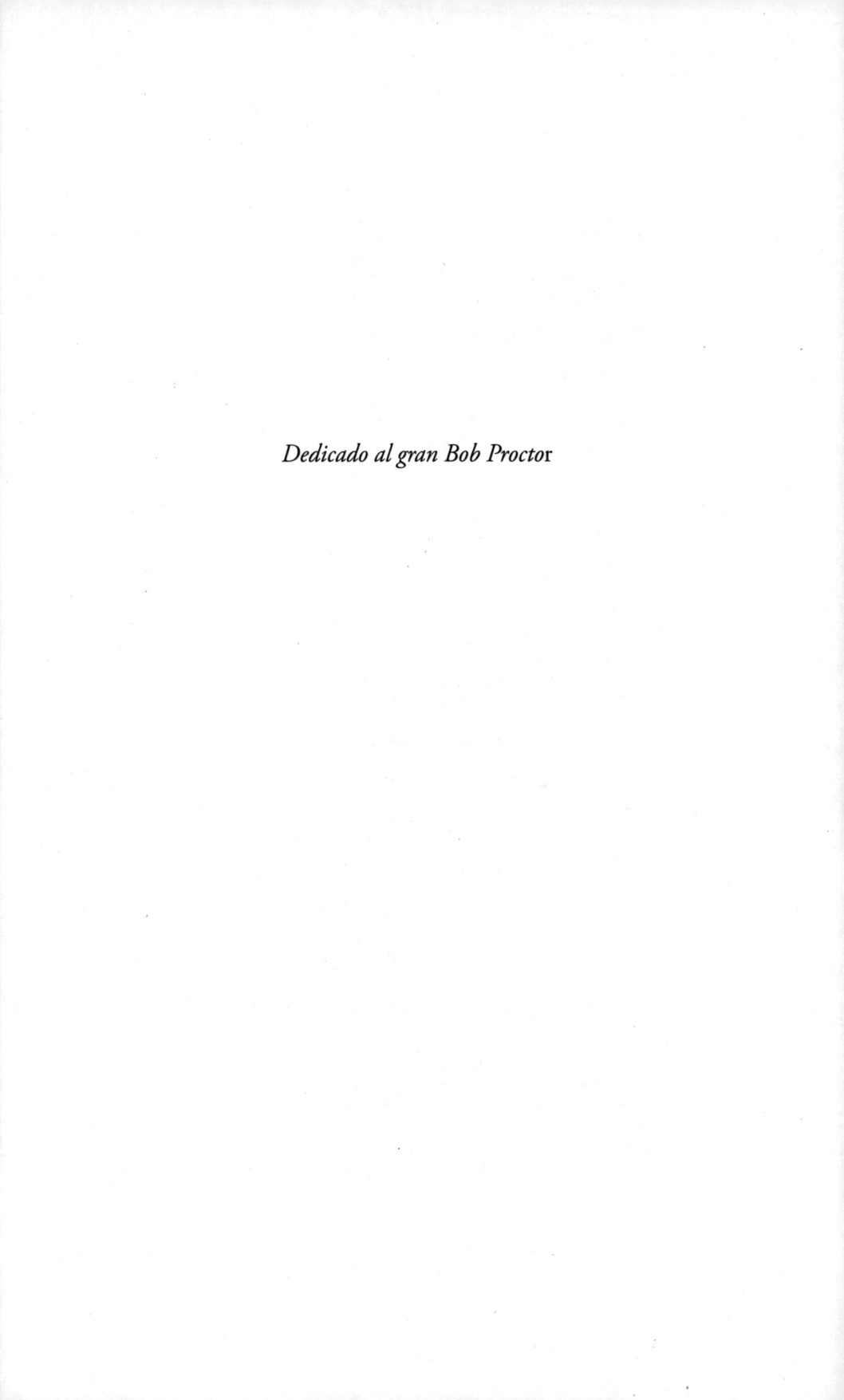

Dedicado al gran Bob Proctor

«La bondad es invencible».

Marco Aurelio

Prólogo

A lo largo de la vida, aparecen elementos de belleza y magia que la transforman. Tréboles de cuatro hojas, arcoíris radiantes e inesperados, estrellas fugaces, el hecho de enamorarnos, sostener a un cachorro, o quizás montar bicicleta por primera vez, son cosas que nos proporcionan esa sensación de dejarnos ir. Son esos momentos que nos liberan, que nos alegran, que hacen que nos abramos para poder ser más, llegar a ser más.

Cuando conocí al Dr. Joe Vitale experimenté uno de esos momentos. Primero conocí su sonrisa, su energía radiante y su exuberante luz. Su presencia efervescente y su corazón abierto de par en par. En ese momento sentí que había conocido el destino, la bondad, la compasión, el cariño, el genio, la sabiduría, y a mi niña interior, todo al mismo tiempo.

Sentí que el mundo se abría y cualquier cosa era posible. Conversaciones verdaderas y enriquecedoras, sueños ilimitados, posibilidades infinitas y mucho espacio. Sí, un espacio tan grande como un campo, como una cadena montañosa, o como un mar que parece ser interminable.

Recuerdo que, cuando mis sobrinos eran pequeños, los llevé a un lugar llamado «Wannado City». Ahí había una variada selección de posibilidades y de juegos. Podías hacer cualquier cosa que quisieras hacer. Podías ser bombero, juez, o esteticista, o tener tu propia tienda, o ser médico, o una florista; cualquier cosa que quisieras hacer, podías imaginarla, soñarla, entrar en ella y convertirte en eso. Cuando conocí al Dr. Vitale, tuve delante de mí a un hombre que personificaba eso: todo estaba contenido en su ser. Era como si tu alma te preguntara:

«¿Qué quieres hacer?». No sólo a mí, sino a todas las personas a las que conocía. Él era el hacedor y tejedor de sueños.

Me he pasado la vida tocando corazones y manteniendo la esencia del asombro y la bondad vivos en el planeta. Ese ha sido mi camino, sin haberlo pensado dos veces. La bondad es mi naturaleza, mi esencia, mi ser y mi estilo de vida. Me han llamado la Embajadora de la Bondad por todo el mundo. Me envían a situaciones mundiales en las que se cree que la comunicación no es posible y yo los saludo. Espero que, cuando las personas me conozcan, no vean a una mujer, o mi nacionalidad, o el color de mi pelo, o el color de mi piel, mis labios o mis ojos, sino que vean amor, bondad, compasión, interés, integridad, unidad, paz, y espero que también humor, risas, alegría y la chispa de la vida. No quiero llevar amor. Quiero ser el amor.

A lo largo del camino, siempre he pensado en el Dr. Joe Vitale y en su forma mágica y maravillosa de conectar con el mundo. Hace varios años, cuando asistimos a un Encuentro Transformador, Joe nos sorprendió a todos con su música. La música era una nueva habilidad que él dominaba desde hacía muy poco y me quedé verdaderamente impresionada. Ciertamente, la ciudad de «Haz lo que quieras» existía dentro de ese hombre. Cualquier cosa que quisiera hacer, la dominaba y la compartía con el mundo. Asombroso. Inspirador. Fenómeno. Y un regalo a la vida misma.

Mis empresas son Artistry in Motion y Unlimited Life. Cuando tenía once años, asistí a mi primera clase de trapecio y el trapecista receptor me dijo: «No me busques, no trates de alcanzarme. Yo soy el receptor, yo te agarraré. Tu tarea consiste en balancearte y dejarte ir». Mi tarea en la vida ha sido balancearme y dejarme ir. Ahora bien, Joe Vitale es un hombre que no sólo hace que todos los sueños se manifiesten, sino que además comparte con el mundo el secreto de cómo lograrlo enseñando *Cero Límites*, basándose en su libro éxito de ventas: la verdadera forma, y esencia, en que todos podemos vivir nuestra vida.

Es como cuando uno monta en bicicleta por primera vez; esa alegría y libertad que uno siente. A lo largo del camino, el Dr. Joe Vitale ha escrito una obra de arte sobre PT Barnum, pues es alguien que ha volado por la vida. Ha llevado a mi alma a alturas inimaginables y más allá de las palabras escritas.

Y ahora viene la cereza del pastel. La proeza del amor. El Dr. Joe Vitale nos ha mostrado, una vez más, su hoja de ruta hacia el éxito. Su modelo para tener una vida ilimitada, con cero límites y amor. Ha «desplegado» el mapa del tesoro y ha permitido que todos lo veamos. Ha compartido el camino hacia el oro que se encuentra en las vidas y los corazones de cada uno de nosotros. Ha abierto la puerta del secreto de la vida.

El libro *Bondad inesperada* del Dr. Joe Vitale nos muestra que cada momento de nuestra vida puede ser un momento decisivo que puedes transformar. Nos muestra cómo unos simples actos de bondad y de cariño cambiaron su mundo, elevaron su vida, lo encaminaron y abrieron la vista, mostrándole el camino e infinitas posibilidades de éxito, abundancia, felicidad, cero límites y una vida llena de alegría, exuberancia y felicidad.

¿Qué es lo que Quieres Hacer?

Imagina una hoja de ruta hacia la felicidad dentro de un libro sobre la bondad, un regalo inesperado para tu corazón, y el tesoro que está dentro de todos nosotros. Eso es este libro.

Léelo y, como dice Joe, «Espera milagros».

DAMA NICOLE BRANDON
Embajadora de la Bondad

«Tantos dioses, tantos credos,
tantos caminos serpenteantes.
Cuando el simple arte de ser amable,
es lo único que este triste mundo necesita».

Ella Wheeler Wilcox

Agradecimientos

«Una palabra amable nunca le ha roto la boca a nadie».

PROVERBIO IRLANDÉS

Muchas personas me han ayudado a pulir este pequeño libro. Mathew Foster, Frank Natie, Ron Rowe, Rob White y Shalini Joshi Yamdagni, todos miembros de una Alianza de Mentes Maestras privada que dirigí en 2022, fueron los primeros lectores que me dieron un *feedback* excelente. Lisa Winston, mi amor, fue la primera en leer el borrador inicial y ofrecerme sus opiniones. Estoy eternamente agradecido a todos los miembros de mi programa Miracles Coaching, por su constante apoyo y sus continuos actos de bondad inesperada.

Chuck Pennington creo la página web de este libro: www.UnexpectedKindnessBook.com.

Introducción

En un mundo que a menudo parece estar impulsado por conflictos, desacuerdos y enfrentamientos, ahora más que nunca es crucial reconocer el poder transformador de la bondad y la compasión. *Bondad inesperada* es un testimonio de la capacidad que tienen estas cualidades de provocar un cambio profundo, tanto a nivel individual como en la sociedad en su totalidad.

Mientras nos movemos a través de los desafíos del siglo XXI, nos enfrentamos a una variedad cada vez mayor de fuerzas divisorias. Las redes sociales, la política y el ritmo vertiginoso de la vida moderna pueden hacer, fácilmente, que nos sintamos desconectados y descorazonados, e incluso que sintamos hostilidad hacia los demás. Y, sin embargo, el antídoto para esos males está a nuestro alcance, pues se encuentra en la esencia misma de lo que nos hace humanos: nuestra capacidad innata de expresar y recibir bondad.

Bondad inesperada te invita a explorar las diversas facetas de estas cualidades, desde los gestos más pequeños hasta los actos más grandiosos. Las historias que aparecen en estas páginas te llevarán en un viaje que te revelará que incluso los actos más sencillos pueden resonar profundamente y dar una nueva forma a nuestro mundo.

Por último, *Bondad inesperada* sirve como un recordatorio de que la compasión trasciende las fronteras, los orígenes y las creencias, uniéndonos en nuestra humanidad compartida. Al explorar el potencial no explotado de la bondad, podemos reclamar nuestras conexiones con los demás y redescubrir la fuerza ilimitada que yace en nuestro espíritu colectivo.

Bondad inesperada te inspirará a abrazar y celebrar la bondad en tu vida, a compartirla libremente con los demás y a convertirte en un agente del cambio positivo en un mundo que lo necesita desesperadamente. A medida que vayas pasando las páginas, irás recordando el poder sanador de la empatía y el extraordinario potencial para la transformación que reside dentro de todos y cada uno de nosotros.

Espera milagros.
Joe Vitale

> «La ternura y la bondad no son señales de
> debilidad y desesperación, sino manifestaciones
> de fortaleza y decisión».

KAHLIL GIBRAN

A mediados de los años sesenta, cuando apenas era un adolescente, imaginaba los diferentes roles que podría desempeñar en mi vida:

Campeón de boxeo.
Mago famoso.
Abogado.
Hipnotista y escritor.
Agente del FBI.

En prácticamente todos los casos, busqué a alguien que destacara en ese ámbito (o que fuera legendario) y le pedí ayuda. Nunca le di demasiada importancia a eso, ni pensé que fuera muy osado de mi parte escribir a esas personas que eran leyendas vivas y esperar que me respondieran, pero sus respuestas fueron actos gloriosos de una bondad inolvidable e inesperada. Especialmente para un chico.

La única persona que no me respondió fue Groucho Marx. Teniendo en cuenta que era un anciano y que era conocido por su hosquedad beligerante, probablemente el hecho de no responderme fue un acto de bondad inesperada, pues podría haberme destrozado.

Yo deseaba ser campeón mundial de boxeo de peso pesado. Idolatraba a los grandes. Veía filmaciones antiguas de sus peleas. Leía sus biografías. Veía películas pugilísticas populares, como *Gentleman Jim*, en la que Errol Flynn interpretaba a James J. Corbett. Pensaba que yo podía llegar a ser uno de los grandes del boxeo.

¿Cuán difícil podía ser?

Eso fue mucho antes de que conociera a verdaderos campeones como Floyd Patterson, George Foreman y Mike Tyson. Verlos siendo un adulto hizo que me diera cuenta de que esos gigantes me hubieran hecho polvo sólo con su mirada. Pero mi mente adolescente soñaba con ganar.

Jack Dempsey había sido uno de los grandes campeones de boxeo y en 1970 aún vivía, así que le escribí. Me respondió enviándome una foto suya en su mejor momento, autografiada. Todavía la tengo. Me encantó su humildad y su estilo. La firmó «Con amor», lo cual parecía extraño viniendo de un hombre mayor conocido por dejar a las personas inconscientes.

Después de leer una biografía de Houdini y ver la famosa película de Tony Curtis sobre ese mago, quise ser el siguiente artista del escape mundialmente famoso.

Pero Houdini llevaba mucho tiempo muerto, así que no podía aprender de él. Aunque intenté contactarle mediante una sesión de espiritismo.

Todavía me acuerdo de que mi padre me preguntó, «¿Qué es una sesión de espiritismo?». Recuerdo la expresión de confusión en su rostro mientras intentaba procesar mi respuesta («Es una manera de comunicarte con el mundo de los espíritus, papá»). En cualquier caso, Houdini todavía no ha sido capaz de escapar de la muerte. No hubo respuesta.

John Mulholland fue un famoso mago, escritor y editor que conoció a la mujer de Houdini. Le escribí pidiéndole consejo sobre cómo ser un mago profesional. Me respondió con una carta de dos páginas escrita a máquina, en la cual me explicaba detalladamente lo que necesitaría saber y los desafíos que me esperaban en el camino. Esa carta se volvió famosa y posteriormente fue publicada en la revista *Magic*. Todavía la tengo.

Mientras leía sobre parapsicología y cosas sobrenaturales, en busca de la verdadera magia, les escribí a otros autores que destacaban como expertos.

Hanz Holzer era un escritor prolífico en el campo de lo inusual. Yo había visitado una casa encantada en Pensilvania y le escribí a Holzer preguntándole si realmente estaba encantada. Tuvo la amabilidad de responderme. Garabateó en mi carta: «Probablemente es una farsa».

Cuando era niño, buscaba respuestas sobre la vida. Mi padre recuerda que intenté añadir un capítulo a la Biblia. Mis padres creían que acabaría siendo un predicador o un sacerdote.

Billy Graham era un famoso evangelista. Tenía carisma y talento para la oratoria. Era amigo de los famosos. Salía en programas de entrevistas en la televisión. Atraía a multitudes y salvaba a multitudes.

Le escribí diciéndole que estaba pensando en convertirme en predicador. Me respondió, pero no he podido encontrar su carta. No recuerdo que fuera personal o persuasiva, pero lo que sí recuerdo es que fue un acto de bondad inesperada de alguien que era una leyenda en su campo.

Clarence Darrow era un famoso abogado. Probablemente su fama fuera producto del polémico juicio de Scopes Monkey y el caso del homicidio de Leopold y Loeb. Yo había visto la película *Compulsion*, sobre uno de sus casos, en la que Orson Welles interpretaba a Darrow.

Me fascinaban el carisma, la oratoria y las habilidades de persuasión de Darrow, así que fui a la biblioteca y leí varios libros sobre él. Darrow murió en 1938, pero había nacido y crecido en Kinsman, Ohio, no muy lejos de Niles, la ciudad donde yo nací.

Subí a mi coche y conduje hasta su ciudad natal. Nada de lo que vi ahí alimentó mi inspiración, pero recuerdo la bondad inesperada de un hombre que vivía en el lugar donde había nacido Darrow. Me mostró todo. Estaban fabricando sillas que llevaban grabado el nombre de Darrow. Ese hombre respondió a todas mis preguntas. Nunca olvidaré su bondad.

E. B. White era famoso por sus libros para niños. Pero a mí me encantaba su libro sobre narrativa titulado *The Elements of Style*.

Le escribí una carta pidiéndole consejos sobre cómo convertirme en un escritor y él me respondió con una oración larga, sin signos de puntuación, en una hoja de papel. La oración me pareció prácticamente incomprensible. Pensé que White necesitaba un editor para su correspondencia privada. No sé qué ocurrió con esa carta.

Rod Serling era el hombre que estaba detrás de los famosos episodios de la serie de televisión *Twilight Zone*. Me maravillaba su talento para la escritura. Cuando vino a Youngstown, Ohio, alrededor del año 1970, fui a conocerlo.

Le pregunté nerviosamente si planeaba escribir su autobiografía. Fue amable y demasiado humilde en su respuesta: «No me ha ocurrido nada interesante», dijo, descartando la idea. En ese preciso instante decidí convertirme en escritor. Si él podía ser tan inseguro y, a pesar de ello, ser tan famoso, entonces yo también tenía posibilidades. Los biógrafos de Serling han encontrado un tesoro en su vida, pero él no lo veía. Me sentí identificado con su baja autoestima. Me dio esperanza.

Cuando consideré la idea de ser hipnotizador, me puse en contacto con Sidney Petrie, quien tenía un consultorio en la ciudad de Nueva York. Petrie fundó el Instituto de Hipnoterapia en 1957. Junto con Robert Stone, fue coautor de varios libros populares sobre hipnotismo y autohipnosis. Le escribí una carta a Petrie. Posteriormente me enteré de que entonces ya había fallecido, pero su hijo me respondió. Me compré algunas cintas de carrete abierto sobre hipnosis y las practiqué. Me encantaba la hipnosis, y todavía me encanta. Eso es evidente en libros míos como *Hypnotic Writing* y por el hecho de que mi empresa se llama Hypnotic Marketing, Inc.

Cuando consideré convertirme en agente del FBI, le escribí al hombre que estaba al mando: J. Edgar Hoover.

Él me escribió, o dictó, una carta en la que me explicaba que debía obtener el título de abogado y, si no recuerdo mal, tener experiencia en las fuerzas del orden. Después de eso, podía intentar ingresar al FBI. A mi mente adolescente eso le pareció más de lo que podía manejar. Pero recibí lecciones de un jefe de policía en mi pueblo. Mi padre lo conocía. Él me enseñó todo sobre las huellas dactilares: cómo tomarlas y cómo leerlas. Fui el primer *boy scout* en la historia en recibir una insignia de mérito en huellas dactilares. Aquel policía fue inesperadamente bondadoso conmigo. Y todavía sé cómo leer las huellas dactilares.

Ninguna de esas leyendas tenía por qué responderme. Yo era un niño. No era nadie. Evidentemente, ellos eran celebridades. Pero cada uno de ellos se tomó el tiempo para mostrar una bondad inesperada. Nunca lo he olvidado.

Actualmente intento ayudar a cualquier persona que me contacte con una petición o una pregunta sincera. Yo también estoy tratando de practicar la bondad inesperada. ¿Y tú?

«"Nada –escribió Tolstoy–, puede embellecer nuestra vida, o las vidas de otras personas, más que la perpetua bondad"».

GRETCHEN RUBIN

La Sra. Pruitt, la bibliotecaria de mi instituto, era una mujer bajita, regordeta, sonriente y extrovertida a la que le gustaba hablar, apoyar a los chicos y organizar eventos.

Me caía bien.

Yo le caía bien.

La Sra. Pruitt me animó a que formara parte del comité del anuario, que escribiera para la revista escolar, e incluso que trabajara en la biblioteca. Teniendo en cuenta lo retraído, introvertido, cohibido, inmaduro e inseguro que era, es un milagro que lograra hacerme salir de mi cascarón.

De alguna manera, ella se encargó de que diera un discurso a la escuela antes de una reunión de la asamblea. No tengo idea de por qué accedí a hacerlo. Me daba pavor la gente y tener que hablar en cualquier sitio, con cualquiera que no fuera mi familia inmediata y un puñado de amigos íntimos.

¿Hablar sobre un escenario? ¿Yo? ¿Frente a toda la escuela? ¿En qué estaba pensando?

La Sra. Pruitt quería que dirigiera el Juramento de Lealtad antes de la asamblea. Pero también quería que lo explicara y luego animara a las personas a que realmente sintieran lo que decían al repetirlo.

Recuerdo que me aseguraba que podía hacerlo. Escribí mi discurso y se lo mostré. La Sra. Pruitt hizo algunas sugerencias, pero esencialmente lo dejó como estaba. Su falta de críticas me ayudó a creer en mis palabras y en mí mismo.

El día del evento me puse una chaqueta que había conseguido en la beneficencia y una corbata falsa con elástico, porque no sabía hacer el nudo con una corbata de verdad. Mientras esperaba entre bambalinas antes de salir al escenario, un niño listo se acercó a mí y me arrancó la corbata falsa.

En aquella época, cuando alguien me hacía algo grosero y ridículo, me quedaba pasmado, mudo. Y todavía me ocurre los mismo. Simplemente no puedo entender su razonamiento.

Afortunadamente, el chico me devolvió la corbata y me la pude poner otra vez.

No dejaba de repasar mi discurso. La Sra. Pruitt se me acercó y me preguntó cómo estaba.

—Tengo un problema –le dije, balbuceando.

—¿Sí?

—En realidad no me sé el Juramento de Lealtad.

Me sentía avergonzado de tener que admitirlo. Todo el mundo da por sentado que, puesto que el día escolar siempre empieza con ese juramento, todos lo tenemos memorizado. Yo no. Sólo murmuraba sonidos que se parecían a las palabras que oía mientras los otros chicos decían las verdaderas palabras.

—¿No te lo sabes?

—No de memoria. He memorizado mi discurso, pero no el juramento.

Era irónico que mi discurso fuera sobre la importancia del juramento y, sin embargo, yo no lo tenía en mi memoria.

—Todos los otros se lo saben —me dijo ella—. Tú sólo empieza y sigue a los demás.

Irónicamente, eso era lo que había estado haciendo todos los días. Respiré hondo y salí al escenario.

La gente me miraba fijamente.

Me escuchaban con atención.

Tuve la sensación de que, durante esos breves momentos, tenía un cierto dominio.

Comencé el juramento y, efectivamente, todos lo dijeron. Me esforcé por seguirlos, pero la verdad es que sentía que ellos me estaban esperando.

—Lo hiciste muy bien –me dijo después la Sra. Pruitt–. Estoy orgullosa de ti.

Sus ánimos, su empuje, su convicción y su amistad permanecieron conmigo durante décadas. Cuando la Sra. Pruitt se jubiló y se mudó a Florida, escapé de Ohio e inicié mi etapa infernal en Houston (hablaré más sobre eso más adelante). Ocasionalmente, ella me escribía alguna que otra carta.

Jamás he olvidado su bondad inesperada. He dicho con frecuencia que puedes lograr muchas cosas si tienes a alguien que cree en ti casi más de lo que cree en sí mismo.

La Sra. Pruitt creía en mí.

> **«Para tener unos labios atractivos,
> di palabras bondadosas».**
>
> AUDREY HEPBURN

Probablemente gracias a David Carradine y la serie de televisión *Kung Fu* quise aprender karate. Ya me gustaba el boxeo y mi padre apoyaba cualquier forma de ejercicio o autodefensa que yo quisiera realizar, de modo que en 1969 accedió rápida y entusiastamente a apuntarme a clases de karate.

Me encantaban.

El profesor era A. E. Vea, un empresario excéntrico con cinturón negro y barriga cervecera. Nunca olvidaré la forma en que lidió con mi padre en una demostración que hizo para la clase.

El Sr. Vea estaba haciendo una demostración de patadas y bloqueos, de cómo detener a un atacante y más cosas, y pidió voluntarios. Yo fui uno de ellos. El profesor realizó una patada y su pie quedó a dos centímetros de mi mentón. Un fotógrafo captó la imagen y acabó saliendo en el periódico local al día siguiente.

Ahhh, saboreé la fama.

Cuando Vea pidió voluntarios, mis hermanos y yo le pedimos a mi padre que se pusiera de pie. Sabíamos que era un boxeador. Sabíamos que era un *Marine*. Sabíamos que era rudo. Pero mi padre nos mandó callar.

Después de la demostración, mi padre se acercó al instructor.

—Sr. Vea, mis hijos querían que me ofreciera voluntario –dijo, mientras nosotros permanecíamos a su lado–. No puedo contener mis golpes. Si usted y yo nos enfrentáramos, habría sangre.

El Sr. Vea era el hombre más genial que había visto en mi vida. Irradiaba encanto como el sol cuando sus rayos se posan sobre las uvas. Puso su mano sobre el hombro de mi padre y le dijo:

—Yo no quería que usted se ofreciera voluntario. Quería a un listillo al que pudiera poner en su sitio. Si usted se hubiese enfrentado a mí, me habría golpeado y me hubiese hecho quedar mal.

Mi padre rio.

Aunque yo era un niño, sabía que eso era genial. El profesor hizo quedar bien a mi padre delante de sus hijos. Salvó su honor.

Un año más tarde, aproximadamente, fui a ver al Sr. Vea porque me enteré de que estaba entrenando a una campeona femenina de cinturón negro. Yo era escritor y quería contar la historia.

El Sr. Vea estuvo de acuerdo. Me invitó a comer a un restaurante italiano, del cual resultó ser el dueño. Probablemente fue el primer empresario que conocí. Me permitió entrevistar a la campeona de cinturón negro y escribir su historia. Yo lo admiraba, pero era un enigma. Incluso decía que su nombre no era su verdadero nombre.

El Sr. Vea influyó en mi vida y, unos cincuenta años más tarde, lo volví a ver…

Mientras aprendía karate y leía sobre las artes marciales, descubrí el aikido. El aikido parecía ser más amable, más suave, más fácil y más realizable que el karate. Como no conseguía encontrar un instructor de aikido, envié una carta a la revista *Black Belt* en la que les decía que era un adolescente que necesitaba un instructor de aikido. Actuando con una bondad inesperada, la revista publicó la carta.

Recibí llamadas y cartas de todas partes del mundo. La mayoría de las personas querían grandes sumas de dinero para viajar a los Estados Unidos y enseñarme. Mi padre las rechazó a todas, negándose incluso a aceptar llamadas de cobro revertido de larga distancia de lugares como Guam.

Cuando ingresé en la universidad, todavía seguía buscando un instructor de aikido. Un hombre, que era cinturón negro en aikido y vivía a una hora de distancia, me dijo que si conseguía formar un grupo vendría a darnos clases.

Sintiéndome un poco incómodo, me dirigí al comité de actividades de la universidad, averigüé cómo conseguir una sala y la reservé. Después escribí el primer anuncio publicitario de mi vida, un folleto en el que ofrecía una introducción al aikido gratuita, y lo publiqué en todas partes.

Resultó que mi primera publicidad del aikido funcionó.

Se presentaron unas treinta personas. El instructor vino, hizo su demostración, y la mitad de los asistentes se apuntó a las clases. Así nació el primer Club de Aikido de la Universidad Estatal de Kent, hacia 1972.

Ahora, vamos a avanzar unos cincuenta años:

En 2019, quise recordar algunas de las cosas que había aprendido en mi primera lección de karate, hacia 1970. Había un movimiento de balanceo de los dos brazos que me había hecho prácticamente invencible, pero no recordaba el movimiento completo. Habían pasado cinco décadas.

Investigué, lo busqué en libros, pregunté. Nada.

Entonces, me pregunté si mi instructor seguiría con vida. Sería una persona mayor, pero quizás me recordaba. Lo busqué en Internet. Nada. Decidí que, dado que tenía previsto viajar a mi ciudad natal, Ohio, para visitar a mi familia, indagaría ahí cuando llegara.

Estando ahí, me enteré de que el Sr. Vea todavía vivía. Había tenido un infarto y una apoplejía, y tenía inicios de demencia, pero me recordaba claramente.

Comimos juntos.

—Te recuerdo bien –me dijo–. Tenías dos hermanos y una hermana que asistieron a mis clases en el YMCA.

Me quedé impresionado.

Le hablé de los movimientos que estaba tratando de recordar y me dijo que me los enseñaría.

Volvimos a su escuela (todavía tenía el local, pero otros enseñaban ahí) y me mostró los movimientos. Era evidente que no los recordaba completamente, pero fue muy amable y paciente conmigo.

Al final, logré progresar un poco. Nunca olvidaré su bondad inesperada.

«La bondad es el único servicio que resistirá la tormenta de la vida y no se desvanecerá. Perdurará y será recordado mucho después de que el prisma de la cortesía o el cariz de la urbanidad hayan desaparecido».

ABRAHAM LINCOLN

Uno de los primeros pensadores notables con los que me comuniqué fue Win Wenger. No era sólo un pensador; era también un genio.

Mi intensa lectura de libros de la biblioteca hizo que me topara con auténticas joyas. Wenger escribió *How to Increase Your Intelligence* en 1975. Era un escritor que enseñaba a la gente a pensar. Se centraba en la creatividad. Su mente era activa, prolífica, dinámica, ilimitada y alegre.

Lo llamé.

Yo era un estudiante de secundaria (o quizás entonces ya estaba estudiando en la Universidad Estatal de Kent) y él era un escritor floreciente que poco a poco estaba empezando a llamar la atención por sus inventos y soluciones, y fue inesperadamente amable conmigo. Luego nos mantuvimos en contacto por correo postal. Compré todos sus libros, publicaciones e informes especiales.

Aunque mi vida dio unos giros bruscos y en ocasiones tocó fondo, Win siempre estuvo ahí, siempre estuvo disponible. Cuando llegué a Texas en 1978 e intentaba hacerme un nombre en los noventa, lo llamé.

—¿Cómo llegaste a Texas? —me preguntó.

Me asombró que me recordara.

Resultó que seguía mi carrera. Cuando me hice más conocido por mi habilidad para el *marketing,* le habló a la gente de mí. Me presentó a Mark Joyner, quien más adelante se convirtió en otra persona importante en mi vida.

Cité los métodos de Win en mi libro sobre P. T. Barnum en 1998 y en mi primer programa de audio para Nightingale-Conant en 1999.

A medida que las ruedas del karma fueron girando, pude devolverles algunos favores a él y a otras personas. Una vez que me hube ganado el respeto de Nightingale-Conant con mi primer programa de audio, les hablé de Win. Para entonces, él ya había sido coautor de un libro titulado *El factor Einstein.* Debido al hecho de que los presenté, grabaron el programa de Win, y yo sentí que esa era una forma maravillosa de retribuirle parte de su bondad inesperada.

«Mi deseo para ti es que sigas adelante.
Que sigas siendo quien y como eres,
asombrando a un mundo cruel con
tus actos de bondad. Que sigas dejando
que el humor aligere la carga
de tu tierno corazón».

MAYA ANGELOU

En 1978 ya tenía dónde vivir, pero apenas estaba por encima del límite de la pobreza.

Vivía en Houston.

No tenía ni un centavo.

Estaba teniendo dificultades.

Me sentía desesperado.

Como no le tenía miedo al trabajo duro o intenso, puesto que llevaba toda la vida trabajando como obrero en el mantenimiento de las vías ferroviarias, acepté un empleo en una empresa de limpieza industrial.

No sabía en lo que me metía.

Formaba parte de una cuadrilla que entraba en los tanques de petróleo de las gigantescas refinerías de Deer Park, en las afueras de Houston. Todavía no me había habituado al calor y la humedad de Texas. A demás, tenía que usar un traje protector y guantes, y entrar en los tanques de metal, cargando y manipulando unas mangueras de agua de muy alta presión. Una receta para acercarte a la muerte.

Era sumamente peligroso.

Las sustancias químicas en los tanques eran letales. Las sustancias químicas que utilizábamos para limpiar los tanques también lo eran. Y todo era explosivo.

De hecho, unos meses después de que dejara ese empleo, todos los miembros de la cuadrilla con la que había trabajado fallecieron en un incendio químico. El grupo completo murió quemado. Pero antes de dejar esa empresa, me hice amigo de un compañero que me pareció el más sensato y cercano. Ken era educado, profesional, amigable, caminaba con las piernas arqueadas, cojeaba, y era un poco mayor que yo. Se interesaba por mi vida y mis dificultades. Me escuchaba cuando le describía cómo iba a ser mi vida como escritor. Me apoyaba.

Además, cuando compré un Volkswagen de 300 dólares que no funcionaba, Ken me ayudó. Venía a verme a menudo a la pocilga en la que vivía y se pasaba toda la noche debajo de mi automóvil, hasta que conseguía hacerlo funcionar.

Una noche, después de poner un gran empeño, finalmente logramos que arrancara. Ken puso su brazo sobre mi hombro, nos miramos a los ojos y sonreímos. Ése fue un símbolo de celebración.

Habíamos salido victoriosos.

Cuando me casé con mi primera mujer en 1979, fuimos a cenar a casa de Ken. Él tenía esposa y un hijo. Su mujer trabajaba dirigiendo una agencia de guardias de seguridad. La semana anterior había dado una charla en una cena y tenía la cinta con la grabación del evento, pero no tenían un reproductor de casetes para verla.

Ken dejó todo y fue a una tienda a comprar un reproductor de casetes. Le costó treinta dólares. Yo no tenía un centavo, así que el hecho de que él gastara treinta dólares fue una inspiración para mí.

—Quiero ser capaz de ir a una tienda y comprar cualquier cosa que desee –le dije a mi mujer.

Además de toda esa bondad, un día Ken me hizo un regalo que no pude agradecerle lo suficiente.

Él tenía un *hot rod* de dos puertas que le encantaba. No era en absoluto un coche de carreras y no era caro, pero para un trabajador común era algo genial.

Ken sabía que ese coche me encantaba. Sabía que yo necesitaba un coche confiable, así que un día me lo regaló.

—Te lo puedes quedar –me dijo.

Balbuceé, pero fui incapaz de articular ninguna palabra.

—Sólo hazte cargo de los pagos –dijo–. Sin ninguna verificación de crédito. No es necesario ningún anticipo. No tienes que llenar ningún formulario. Te daré la libreta de pagos. Eso es todo.

Incluso ahora, décadas más tarde, me emociono al recordar ese momento.

—Sólo te pido que no dejes de hacer ningún pago –dijo Ken, sonriendo–. De lo contrario, vendrán a por mí.

Los pagos eran realizables, especialmente en comparación con el tipo de pagos que hago actualmente para mi Bentley. Acepté el regalo de Ken, me llevé su libreta de pagos y honré su petición: pagué religiosamente todos los meses.

Y me encantaba ese coche.

Han transcurrido décadas y no puedo recordar la marca o el modelo de ese automóvil, pero recuerdo a Ken y su bondad inesperada.

«Tus actos de bondad son alas iridiscentes
de amor divino, que perduran y continúan
inspirando a otros mucho después
de haber compartido».

RUMI

Bruno Reich no era un hombre agradable. Era alto, gritón, obstinado y rudo. Era el hijo de mi casera cuando yo vivía en una pocilga en Houston, donde permanecí doce años. A duras penas podía pagar esa habitación barata. La vida era difícil para mí. Cuando la casera murió, Bruno se hizo cargo. Podría haberme desalojado, y yo temía que lo hiciera, pero él mantuvo la casa y me permitió quedarme. Eso fue algo inusualmente amable. Me habló de vendérmela, pero yo no estaba en posición de comprar ninguna casa.

Bruno no creía en la autoayuda o en el pensamiento positivo. Le conté que estaba leyendo el libro de Norman Vincent Peale sobre el poder del pensamiento positivo y me dijo:

—¿Crees en esa mierda?

—¡Sí! –le respondí a la defensiva–. Funciona.

—¿Te está funcionando?

—Cuento con ello.

No me presionó, pero estaba claro que pensaba que estaba loco. Pero se fijó en que yo tocaba la armónica.

—¿Cuánto tiempo llevas tocando? –me preguntó.

—Un año, quizás.

—¿Has probado tocar la guitarra?

—Cuando era pequeño quería hacerlo, pero mi padre me compró un acordeón. Quería escuchar polcas.

—Sólo necesitas tres acordes y puedes cantar canciones –dijo.

No entendí por qué me lo decía.

—Yo iba a las fiestas con una guitarra y todos me miraban –continuó–: Deberías tocar, puesto que ya disfrutas tocando la armónica.

Asentí, sin saber qué decir.

Bruno fue a buscar una guitarra y me la entregó.

—Prueba con ésta.

La sostuve, pero no supe qué hacer.

—He tenido esta cosa durante décadas –dijo.

—Parece genial –musité, sin saber siquiera por qué la estaba sosteniendo.

—Te la puedes quedar.

—¿Qué? –Sentí la guitarra. Era real. De madera. Y pesada.

—¿Me la estas regalando?

—Sí, si crees que la vas a tocar.

—Me encantaría hacerlo.

—Lo único que te pido es que nunca la vendas. Si algún día la quieres regalar, puedes hacerlo, pero no la vendas jamás.

Era una vieja Harmony, probablemente del antiguo catálogo de Sears de los años cincuenta. Tenía un mástil muy grueso, como un bate de beisbol. Era de madera oscura, pesada, y probablemente fabricada para poder recibir golpes, ya sea por un rasgueo intenso o por usarla como arma. Yo no sabía cuán difícil era tocarla, porque no tenía con qué compararlo.

Tomé algunas clases con esa guitarra. Ahí fue cuando me enteré de que el mástil era demasiado grueso para mi mano. Aún así, era una guitarra. Y Bruno me la había regalado.

Años más tarde, lo vi y me preguntó si todavía tenía la guitarra.

—Así es, y todavía me siento agradecido.

—¿Cuántos acordes te sabes?

—Unos treinta.

Se quedó sin palabras.

—Sólo necesitas tres –dijo.

Pasaron más años y mi nombre empezó a sonar como un escritor de éxito, pero todavía no se había publicado *El Secreto*. Bruno me escribió un correo electrónico. «¿Es verdad?». «¿A qué te refieres?». «Parece que tienes éxito. Si es verdad, felicitaciones».

Todavía me seguía viendo como el tipo extraño y sin blanca que a duras penas podía pagar el alquiler de una habitación, pero que soñaba con ser un escritor con libros publicados. No tengo ni idea de si se enteró de mi ascenso a la fama después de que se publicara *El Secreto* y de que Larry King me entrevistara. Bruno había tenido un infarto años atrás. Verme en *Larry King Live* probablemente habría hecho que su corazón se detuviera por completo.

Todavía tengo la guitarra que me regaló. Aunque he vendido muchas guitarras a lo largo de los años, nunca he considerado venderla. Cada vez que la veo, recuerdo la buena acción de Bruno y me pregunto quién la recibirá a continuación.

> «Estaba en la oscuridad, pero di tres pasos y me
> encontré en el paraíso. El primer paso fue un buen
> pensamiento, el segundo una buena palabra,
> y el tercero una buena acción».

FRIEDRICH NIETZSCHE

Mi primera esposa y yo nos levantábamos a las cinco de la mañana todos los sábados e íbamos a la lavandería de autoservicio. Hicimos esto todas las semanas durante doce años.

No teníamos dinero para comprar una lavadora-secadora. Tampoco teníamos sitio donde ponerla porque vivíamos en un estudio de una habitación, de modo que hacíamos la excursión a la lavandería todas las semanas. Íbamos siempre temprano para evitar las aglomeraciones y asegurarnos de que hubiera lavadoras y secadoras disponibles para utilizar. Reunir las monedas siempre era un desafío y eso solía hacer que me sintiera pobre.

La pareja propietaria y administradora de la lavandería automática llegó a conocernos bien. El Sr. Bean era un auténtico tejano del viejo mundo. Hablaba lentamente, apenas movía los labios, sus ojos siempre estaban entrecerrados y caminaba con orgullo. Era gracioso al estilo sureño, pues hacía declaraciones que eran eufemismos.

Su mujer era tímida, trabajadora, leal y religiosa. Cuando uno de sus riñones dejó de funcionar, tuvo que someterse a una diálisis semanal. No recuerdo si aquello duró meses o años, pero un día el Sr. Bean anunció:

—Está curada.

—¿Qué?

—Que está curada –dijo.

Rezó y obtuvo un milagro.

Ésa fue una de las primeras historias que oí sobre una persona cuya plegaria había funcionado. Décadas más tarde, escribí todo un libro sobre el tema (*La plegaria secreta*), pero entonces me asombré al oírlo.

Llegaron a querernos. Nosotros llegamos a conocerlos. Ellos ya eran mayores, pero eran muy trabajadores. Cuando mi mujer y yo finalmente conseguimos un lugar donde vivir, el Sr. Bean se ofreció a comprarnos una lavadora. Y lo hizo. Su esposa y él vinieron a casa para asegurarse de que la hubiéramos recibido.

Nunca lo volveríamos a ver, y todos en la lavandería lo sabían, dado que su mujer y él eran ancianos y nosotros nos estábamos mudando muy lejos con nuestra lavadora, pero nunca olvidamos su bondad inesperada, especialmente en los días que hacíamos la colada.

> «Nunca pierdas la oportunidad
> de decir una palabra amable».
>
> WILLIAM MAKEPEACE THACKERAY

Todo el mundo sufre en algún momento de su vida, pero mi primera esposa y yo fuimos muy infelices durante más de diez años después de casarnos en Houston en 1979.

Yo estaba viviendo en una pocilga, en una habitación dentro de una casa. La habitación tenía un inodoro, una televisión y un sofá-cama, todo en el mismo espacio.

El hecho de que mi mujer dejara su empleo y su piso en Oregón para venir a vivir conmigo fue una prueba de su amor. Sin duda, yo no tenía nada que ofrecer.

Continuamos viviendo en esa habitación durante más de una década. Siempre me sentí atrapado ahí.

Yo le caía bien a la casera y, cuando se hizo mayor, y al ver que la ayudaba a mantener la propiedad y las unidades de alquiler que tenía en la parte trasera, me dio una habitación adicional en la casa. Eso ayudó, pero ciertamente no era un lugar lujoso o cómodo, o donde tuviera privacidad.

Aún así, nos quedamos ahí.

Yo no era capaz de ver una salida.

Viviendo ahí, mi mujer se convirtió en una alcohólica. Una noche, salió de la otra habitación y dijo: «Tengo un problema».

Me quedé atónito. Paralizado.

«He estado bebiendo y lo he estado escondiendo», confesó.

Me mostró las botellas que tenía debajo del fregadero. Me mostró las botellas que tenía ocultas en el cubo de la basura.

Me sentí estúpido por no haberme dado cuenta de su problema con la bebida. Me sentí confundido, pues no entendía con qué dinero lo pagaba. Y ahí estaba ella, mirándome y confiando en que yo podía salvarla de sí misma. Pero no sabía qué hacer.

Llamé a un médico a través del seguro médico que ella tenía de su trabajo, y me dijo: «Llévela a urgencias ahora mismo».

Eso hice. La recibieron y la ingresaron. Durante esa semana, se desintoxicó. Fue a Alcohólicos Anónimos (AA) durante los siguientes dieciocho años.

Siempre admiré su fortaleza para pedir ayuda y para mantenerse sobria. Me hubiera gustado haberle dado más. Pero gracias a la bondad inesperada de un extraño, ambos recibimos algo grande que nos cambió la vida.

Déjame que te cuente la historia…

Nuestra pequeña habitación era algo que me avergonzaba. Nunca pude invitar a nadie.

No quería actuar como si fuera una persona exitosa, pero vivir como un fracasado. Estaba tratando de conseguir que publicaran mis libros.

Empecé a dar clases en un programa de educación para adultos y ganaba algo de dinero, pero no el suficiente para poder escapar.

Y no tenía fe en mi capacidad de pagar una casa, o un piso, o ninguna otra cosa.

Teníamos dificultades. Estábamos sufriendo.

Durante un período, estuve trabajando para una empresa petrolera en el otro extremo de la ciudad. En la mayoría de los casos, almorzábamos en el patio de comidas del centro comercial local, pero un día mi instinto me dijo que no comiera ahí. Me sugirió que girara hacia la izquierda.

A mi gran sorpresa, descubrí una *delicatessen* italiana que se encontraba muy cerca. Entré y pedí un bocadillo que, al comerlo, trajo consigo un torrente de recuerdos de mi hogar, mi familia y un amor perdido.

Le dije al propietario que me sentía muy complacido. Él me agradeció, pero no pareció percibir mi genuino agradecimiento.

Al regresar a la oficina, utilicé el equipamiento de la empresa para crear una nueva carta para la delicatessen. Hice copias de la carta y se las entregué al propietario. Además, le hablé de él a todo el mundo en la empresa petrolera.

Súbitamente, la pequeña *delicatessen* empezó a tener más clientela. Muchísima.

Para agradecerme, el propietario me permitió comer sin pagar nada durante todo el año siguiente. Fue un acto de bondad inesperada, pero eso no fue nada en comparación de lo que estaba a punto de hacer por mí.

No había forma de prepararse para ello o de creerlo.

Mis padres vinieron a visitarnos. Fue embarazoso porque no teníamos un lugar donde alojarlos. Le pedí a un bondadoso vecino que los alojara. Aceptó.

El dueño de la *delicatessen* se ofreció a preparar una cena especial para mis padres. Fue una cena laboriosa y mucho más deliciosa de lo que podía imaginar. Él se encargó de que fuera una ocasión especial; sirvió la cena en una mesa con mantel en un día en el que normalmente el restaurante estaba cerrado. Nos dio de comer a mi mujer y a mí, a mis padres, y a mi primo de Corpus Christi. Y sólo nos cobró cien dólares: los justo para cubrir los gastos.

Pero a pesar de ser un acto de bondad inesperado, ese no fue el mayor regalo que nos dio.

A lo largo del año siguiente, cuando iba a comer ahí, solía quejarme del lugar en el que vivía, de lo lejos que quedaba de mi trabajo, de lo desdichada que era mi vida mientras me esforzaba por convertirme en un escritor y de lo avergonzado que me sentía de vivir en esas habitaciones.

El italiano menudo me escuchaba. No tenía ninguna palabra de consuelo o sabiduría que ofrecer, pero a menudo lo único que necesitamos es ser escuchados. Él me escuchaba.

Y luego un día me dijo que iba a vender su casa. La había construido para su familia décadas atrás. Había plantado higueras traídas de Italia.

La había decorado con estatuillas y recuerdos de Italia. Decía que la casa había estado vacía durante más de un año porque estaba demasiado apegado a ella como para venderla. Su familia ya se había mudado a otra casa, pero él todavía no había puesto la vieja casa a la venta.

Me preguntó si quería verla.

La fui a ver y me encantó. Lleve a mi mujer para que la viera y a ella también le encantó.

En comparación con las habitaciones básicas en las que habíamos estado viviendo, una casa de ladrillo de tres habitaciones, con garaje, chimenea y un patio nos pareció ideal.

Sólo había un problema: Yo no tenía crédito. Aunque trabajaba para la empresa petrolera, mis ingresos dependían de terceros. Pero yo quería ser escritor. No estaba en mis planes continuar siendo un empleado. Entonces, ¿cómo podía hacer para comprar una casa?

—Yo la financiaré –dijo Mike–. Tú sólo tendrás que hacerme los pagos a mí.

Es difícil imaginar el alivio que esa bondad inesperada produjo en mi mujer y en mí. Fue un punto de inflexión. Fue un cambio de rumbo en nuestra vida. El hecho de finalmente tener nuestra propia casa despertó en ambos una sensación de seguridad, autovaloración y esperanza.

Nunca he olvidado a Mike y su bondad inesperada.

Años más tarde, cuando mi primera esposa falleció, Mike vino al funeral. Llevaba años sin verlo, pero su consideración me conmovió.

¿Cómo darle las gracias?

*«Intenta siempre ser más un poco más bondadoso
de lo necesario».*

J. M. Barrie

Hacia 1980, leí un libro que realmente me inspiró y que inició todo un movimiento. Se trataba de *Visualización creativa* de Shakti Gawain. Ese libro me enseñó, en los términos más básicos, a utilizar la mente para crear imágenes que podían convertirse en realidad. Me pareció muy profundo.

Le escribí a la autora, a través de su editor. Shakti me respondió, sugiriendo que reuniera a un pequeño grupo de personas y que ella vendría a enseñarnos a utilizar sus métodos. Yo podría asistir sin pagar nada y ella me daría un porcentaje de lo recaudado.

Acepté.

Era la primera vez que organizaba un seminario y era muy ingenuo. No tenía una lista de contactos, ni amigos, ni influencia en Houston. Realmente estaba actuando movido por la fe. Imaginé que podría usar los métodos del libro de Shakti y que simplemente tendría que visualizar el éxito del evento. ¿Cuán difícil podía ser?

Bastante difícil, en realidad. Mis torpes y estériles intentos de hacer que la gente viniera al evento estaban fracasando.

—¿Cómo va todo? —me preguntó Shakti en una llamada telefónica.

En aquella época yo todavía vivía en mi estudio de una habitación, no tenía un duro, desanimado y me sentía un perdedor.

—No muy bien. No se ha inscrito nadie.

De repente, Shakti estalló.

—¿¡Qué!? –gritó al teléfono. Su ira me sacudió.

—¡Voy a ir a Austin también y ahí las entradas incluso se han agotado!

No supe qué decir. Claramente, estaba irritada. Balbuceé y tartamudeé, pero no fui capaz de decir nada inteligente o que valiera la pena.

Me colgó el teléfono.

Me sentí destrozado. Dolido. Asumí demasiadas cosas, demasiado pronto, y no sabía lo que estaba haciendo. No tenía ninguna habilidad para el *marketing*. Seguía siendo pobre, aunque actuaba como si no lo fuera.

Entonces sonó el teléfono. Era Shakti.

—¿Estás bien? -preguntó. Su tono de voz era suave, amable y relajado.

—Sí –balbuceé.

—Hice una pequeña meditación y pude ver que podemos hacer que esto funcione.

Fue cariñosa, amable y paciente. Me sugirió que contactara a algunas iglesias unitarias y les hablara de la reunión que estábamos organizando.

Lo hice, y pude conseguir que la gente se apuntara.

Cuando se acercaba la fecha del evento, fui al aeropuerto a recoger a Shakti.

—¿Hay algún parque o árbol por aquí cerca? –preguntó.

Por lo visto, necesitaba reconectar con la naturaleza después de haber estado metida en un tubo de metal durante unas horas. La llevé a Hermann Park en Houston. Nos estacionamos y salimos a dar un paseo breve.

—Esto es agradable –me dijo, sonriendo.

Se dio cuenta de que yo era tímido, inseguro e inmaduro, y que no sabía qué decir. Fue paciente conmigo.

Después de nuestro paseo, fuimos a comer y le hice algunas preguntas sobre su libro.

—Ojalá hubiese sabido que iba a ser un éxito de ventas –dijo–. Fue difícil escribirlo. Si hubiese sabido que iba a ser tan exitoso, el proceso habría sido más fácil. —Y añadió algo en lo que todavía pienso actualmente—: Mi libro es como un hijo —me explicó—. No me siento apegada a él. Escucho hablar de él en el mundo y me siento orgullosa.

Shakti fue inesperadamente bondadosa conmigo.

Décadas más tarde, cuando ya era muy conocido en el campo del desarrollo personal, nuestros caminos se cruzaron a través del correo electrónico. Le pregunté si se acordaba de mí. Su respuesta fue afirmativa.

«No puedes hacer un acto de bondad demasiado pronto, porque nunca sabes cuándo será demasiado tarde».

Ralph Waldo Emerson

En la década de los ochenta, las dificultades eran mi vocación.

Los coches que conducía (cuando tenía coche) no eran confiables. Cada vez que entraba en ellos, no sabía si iban a arrancar. Y si arrancaban, no sabía si lo harían al regreso. Lo normal era que se estropearan.

Afortunadamente, uno de mis vecinos en Houston era un joven con muchas habilidades como, por ejemplo, la perseverancia. A menudo, cuando me veía teniendo dificultades para poner en marcha mi coche, se acercaba para ofrecerme ayuda.

Era joven, llevaba barba y era raro. Parecía autista, pero en realidad simplemente estaba tan en armonía con su conexión con la naturaleza que no conectaba con los demás.

Nos hicimos amigos.

Un día vio una armónica en mi salpicadero y la señaló.

—La toco cuando estoy atascado en el tráfico –le expliqué.

—¿Quieres que quedemos para tocar?

—No tengo ni idea de cómo hacerlo –dije–. Simplemente soplo a través de ella.

—Juntémonos más tarde y veamos qué ocurre. Sin presión. Sólo para divertirnos.

Daniel Smith y yo nos reunimos cada noche durante todo un año. A menos que hiciera demasiado frío para estar sentados fuera (algo poco habitual en Texas) o que alguno de los dos tuviera una emergencia (también poco habitual), nos encontrábamos a las 19 h en punto en la mesa de picnic, en el parque que había delante de su casa.

Él traía una guitarra.

Yo llevaba mi armónica.

Daniel era amable y paciente. Tocaba canciones folk e instaba a que simplemente hiciera sonar mi armónica. Me animaba a que me divirtiera y que nunca me fijara en mis errores (o hablara de ellos).

Cuando veía que me costaba concentrar mi flujo de aire en una sola nota en la armónica, me decía creativamente que quizás debería cubrir con cinta adhesiva los otros orificios para poder soplar por uno solo.

Funcionó.

Incluso hoy en día, décadas más tarde, puedo tocar la armónica con pasión y control. Y lo he hecho en mis propios álbumes.

En aquella época, en los años ochenta, no conocía la música, ni a ningún músico. Nunca hubiese podido predecir que un día tendría mi propio grupo, o que tocaría sobre un escenario, o que estudiaría con un ícono del rock, o que grabaría quince álbumes. Eso era lo único que podía hacer para tocar con Daniel, pero eso me dio las bases para la música a la que más adelante accedería.

En una ocasión, Daniel y yo tocamos sobre un escenario. Fue en un bar y la experiencia me pareció horrible. El sistema de sonido tenía retraso. Podía oír mi armónica segundos después de haberla tocado. Me sentí incómodo, inadecuado y un fracaso total. Cuando una mujer en el bar me dijo, «Me gusta cómo tocas el arpa», me marché disgustado. Seguramente me estaba mintiendo.

También grabamos una cinta con canciones. Daniel tenía un reproductor de casetes sencillo y lo utilizamos para grabarla. Sin editar nada. Sin *overdubbing*. Daniel era un purista: Lo que tocamos es lo que vas a oír.

Se la envié a mi padre. Le encantó y la siguió escuchando durante años, incluso décadas, después de que la grabáramos.

Cuando mis padres viajaron de Ohio a Texas para visitarnos a mi esposa y a mí, Daniel y yo hicimos un concierto en la sala para ellos.

Mi padre se pasó todo el rato con una sonrisa en el rostro, siguiendo el ritmo con el pie. Mi madre dijo que le había encantado. Todavía recuerdo ese momento.

Daniel era sumamente excéntrico. Tenía rabietas: empezaba a tocar, pero luego se enfadaba por algo, normalmente por alguna pelea con sus padres, y se marchaba furioso. Sin dar ninguna explicación.

Pero él era así.

Una noche estaba enfadado porque su perro estaba ladrando.

—Sólo está comportándose como un perro –le dije.

Pero Daniel también tenía una sabiduría natural.

Un día traje una armónica nueva que había encargado. La toqué y no me gustó. Me quejé.

—¿Cómo te sentías antes de recibir esa armónica?

—Entusiasmado.

—¿Estabas entusiasmado porque la ibas a recibir?

—Sí, pero ahora que la tengo, no me gusta.

—Vuelve al momento antes de recibirla.

Tardé mucho tiempo en darme cuenta de que, a su manera, Daniel me estaba instando a que practicara la gratitud.

Le perdí el rastro en los noventa, pero nunca he olvidado su bondad inesperada.

«Con demasiada frecuencia,
subestimamos el poder de una caricia, una sonrisa,
una palabra amable, un oído que escucha,
un elogio sincero o el más pequeño acto de cariño,
todo lo cual tiene el potencial de cambiarle
la vida a alguien».

LEO BUSCAGLIA

En los años ochenta, mucho antes de Internet y de la información instantánea, solía comprar revistas, leer todos los anuncios que venían en ellas y pedir cualquier cosa que me interesara. Sentía curiosidad por la autoayuda, cómo eliminar creencias, obtener resultados y ser más feliz. Había muchísimos anuncios sobre esos temas. Me llamó la atención uno sobre cómo liberarse de las creencias. No recuerdo exactamente cuáles eran las palabras, pero sé a dónde querían llegar.

Mandy Evans estaba detrás de ese anuncio. Era una terapeuta especializada en la eliminación de creencias. Había estudiado con el grupo original que había aprendido el Proceso de las Opciones con su creador, Bruce DiMarsico.

Otros miembros del grupo incluían a Barry Neil Kaufman, quien me influyó profundamente con sus libros, *To Love Is to Be Happy With* y *Son Rise*. Llegué a conocer a Bears, que era como le llamaban en 1985, pero no tuve una relación personal con él. Era demasiado famoso y estaba demasiado ocupado.

Mandy, sin embargo, era accesible. Compré una de sus cintas. La escuché y me quedé maravillado. Su voz y su vibra eran relajados. Sus historias eran fascinantes. Su mensaje te expandía la mente.

Te preguntaba a quién podrías creer si no te creías a ti mismo.

¿Acaso no eras tú quien decidía creer?

Y si era así, ¿acaso no eras tú la autoridad en tu propia vida?

Ella me abrió la mente.

Le mostré la cinta a Larry Andrews, un acaudalado hombre de negocios que estaba interesado en mi vida y en mi potencial carrera. Le gustó tanto que hizo gestiones para traer a Mandy a Houston para un pequeño evento en su casa. Así fue como conocí a la mujer que cambió mi vida durante las décadas siguientes, e incluso hasta el día de hoy.

No tengo palabras para describir el impacto que esta mujer tuvo en mí. Conectamos desde el momento en que empezamos a hablar.

Cuando llegó a Houston, la llevé en mi coche a un parque. Todavía estaba teniendo dificultades económicas, apenas había salido de la pobreza y me sentía avergonzado por el lugar donde vivía. No tenía una casa, ni un piso. Tenía una habitación y era diminuta, con una televisión, un hornillo y un inodoro, todo en la misma área.

Fuimos al parque, nos sentamos en el césped y hablamos.

El pequeño evento grupal que tuvo lugar en la casa de mi amigo fue bien, pero yo me sentía intranquilo, inseguro e inmaduro. Siempre temía que la gente se diera cuenta de que no sabía nada, de que no era nadie. Tenía sueños, pero en 1985 ninguna de ellos era rentable. No tenía nada que compartir. Nada que mostrar.

Pero Mandy vio algo en mí que quiso alimentar. Empezó a darme sesiones de orientación. Nunca me cobró. Décadas más tarde y en un nuevo siglo, todavía no me ha cobrado.

Tanto si se trataba de mis creencias limitantes sobre el dinero, o la muerte de mi primera esposa, o pensamientos contradictorios acerca de ser abordado por una mujer que quería seducirme, o el miedo al fracaso, o la agonía de decidir divorciarme de mi segunda mujer, Mandy siempre estaba ahí.

La llamo la «*Coach* de Milagros» original. Creé *Miracles Coaching* porque vi el valor de tener un aliado; pero siempre he dicho que Mandy es la *coach* original.

Puede resultar difícil comprender el impacto que puede tener una persona en tu vida cuando ha sido tu animadora y consejera durante casi treinta años.

Eso es toda una vida.

Eso no tiene precio.

Estoy más que agradecido.

Siempre he contado con Mandy. Ella siempre me ha dicho que la puedo llamar en cualquier momento, por cualquier motivo. A menudo, no la he llamado por mi creencia de que debo hacerlo todo solo. Pero cuando mi cara estaba magullada y mi cuerpo estaba cansado, la llamaba.

Y Mandy siempre ha estado ahí, lista para ofrecer una bondad inesperada.

«La gente me pregunta a menudo cuál es la técnica más efectiva para transformar su vida. Es un poco embarazoso que, después de años y años de investigación y experimentación, tenga que decir que la mejor respuesta es: simplemente sé un poco más amable».

PIERO FERRUCCI

Mark Joyner me persiguió durante dos años.

Era educado pero persistente. Había oído hablar de mí a través de Win Wenger, el difunto genio que me enseñó, a mí y a otras personas, y lo que es la creatividad. Win le dijo a Mark que, si quería saber de *marketing*, debía ver a Joe Vitale.

Mark lo intentó. Compró mi programa de audio casero titulado *Project Phineas*. Compró mis primeros libros de *marketing*, como, por ejemplo, *Cyberwriting*. Se convirtió en un admirador mío y quería ser mi editor digital.

No dejaba de pedirme que le diera un libro. Cualquier libro. Decía que lo convertiría en lo que él llamaba un *e-book*. Decía que los libros electrónicos eran el futuro, no los libros impresos. Quería algo mío para comercializarlo en sus listas crecientes.

Pero yo me resistía. Me resistí durante dos años.

No podía imaginar que hubiera gente que quisiera un libro electrónico. Yo me crie entre libros reales. Los leía en bibliotecas reales. Los compraba en librerías reales. Los sostenía en mis manos y los leía en mi realidad muy real. Los libros electrónicos no me resultaban atractivos.

De modo que siempre le decía a Mark: «No, gracias».

El pasado militar de Mark y sus habilidades de persuasión estaban en acción. Él nunca discutía. Nunca se detenía. Nunca me invalidaba. Simplemente se comunicaba conmigo cada dos meses, con la esperanza de que yo hubiera cambiado de idea. Debo decir que Mark fue sabiamente amable.

Finalmente, después de años resistiéndome, le envié un ejemplar de un libro que había autopublicado: *Hypnotic Writing*. Lo había impreso en Kinkos y lo vendía a cincuenta dólares en mis clases. Era dinero para la gasolina. Estaba orgulloso de aquel libro. Si Mark quería intentar venderlo como un *e-book*, que así fuera. Se lo envié y le deseé buena suerte. Nunca esperé otra cosa que el fracaso.

Mark escribió una carta de ventas para mi libro. La leí y era tan buena que hasta yo quise comprar mi propio libro. Mark creó una página web y generó tráfico hacia ella.

Me fui a dormir.

A la mañana siguiente, había 600 correos electrónicos en mi buzón. Al principio me enfadé, pensando que alguien me había bombardeado con *spam*. Pero cuando abrí algunos de ellos, me di cuenta de que eran todos recibos. Mark había programado el sistema para que cada vez que hubiera un pedido, yo recibiera una copia de él.

Seiscientos pedidos multiplicados por treinta dólares de cada pedido eran dieciocho mil dólares.

De la noche a la mañana.

De un libro que no había sido impreso, ni almacenado, ni empaquetado, ni enviado por correo. Eran, esencialmente, dieciocho mil dólares limpios. Y la mitad de eso era para mí.

Verdaderamente, había ganado dinero mientras dormía, lo cual es el ideal para la mayoría de los emprendedores.

Le escribí a Mark preguntándole: «¿Qué otra cosa quieres? Tengo otros libros».

En los años siguientes, Mark me vendió varios libros electrónicos. Me sentía como un verdadero capo. Había encontrado oro en el ciberespacio.

Y cuando Mark vendió su empresa a Nitro Marketing, y fui escogido por los nuevos propietarios, él les aseguró que yo era una máquina creadora de contenido. Durante la década siguiente, creé algunos productos y Nitro los vendió *online,* para nuestro gozoso éxito económico.

La bondad inesperada de Mark, en forma de paciencia y convicción, dio frutos para los dos. Hemos continuado siendo amigos y socios desde hace más de veinte años. Nos ayudamos mutuamente con lluvias de ideas, y desarrollando y lanzando productos. Siempre le estaré agradecido por haberme demostrado que estaba equivocado y por haberme hecho rico.

> «No todos podemos ver las cosas de la misma manera,
> pero todos podemos hacer el bien».
>
> P. T. Barnum

Mi primer libro fue publicado en 1984. Se tituló *Zen and the Art of Writing*.

Aprendí muy rápido que los editores rara vez saben cómo comercializar los libros. Son impresores prestigiosos. Mi editor ni siquiera era eso. Era un tío al que le gustaba publicar libros. Estoy agradecido de que creyera en mi libro lo suficiente como para imprimir 500 ejemplares, pero al poco tiempo me quedó claro que no sabía lo que estaba haciendo.

Me dediqué a fondo a aprender *marketing*, redacción publicitaria, publicidad, y más cosas. Empecé a aplicar mis nuevos conocimientos en mi pequeño libro y, a lo largo del camino, aprendí que una buena forma de vender libros se hace en la parte trasera de una sala ,después de haber dado una charla. Pero me resistía a esa idea. Era introvertido, inmaduro e inseguro, y le tenía terror a la gente. Especialmente cuando era un grupo de personas que me estaba mirando.

Sin embargo, me enfrenté a mis miedos y empecé a dar clases de escritura en el programa de educación para adultos. A mi primera clase, sólo asistieron seis alumnos. Sudé durante toda la lección, pero seguí adelante. Mi clase se volvió popular y fui mejorando. Vendía mi libro a los asistentes y conseguí clientes que me contrataron para escribir la publicidad de sus libros. Además, hice amigos.

Uno de ellos era Larry Andrews. Larry era un hombre poderoso, vociferante, con sobrepeso y acaudalado. Alguien había descubierto petróleo en su propiedad y la empresa Andrews Oil hizo que se volviera rico.

Larry también estaba ansioso por aprender. Asistía a varias clases, incluida la mía. Compraba libros, incluidos los míos. Se interesó en mí, vio algo en mí que todavía no se había desarrollado lo suficiente como para que yo fuera consciente de ello, y me animaba. Comíamos juntos a menudo y él ejercía de mentor.

—Necesitas más estrés –me dijo en una ocasión.

Me quedé pasmado. Asombrado. Vivía en la pobreza, ganaba muy poco dinero dando clases y vendiendo mis libros, y estaba absolutamente estresado. ¿Y él quería que añadiera más estrés a mi vida? No pude entender su recomendación. Más adelante comprendí que algunas de las personas más adineradas llenan sus agendas y sus listas de objetivos con una sobrecarga de ideas y tareas pendientes. De hecho, ése era uno de los secretos del éxito.

Larry me presentó a otro hombre rico, Ron McCann, quien había heredado un negocio de aires acondicionados y se consideraba a sí mismo un experto en el servicio. Quería publicar un libro pero, como muchas personas, no quería tener que escribirlo, de modo que me contrató como coautor.

El salario que recibí fue el más grande de mi vida. Ése fue el mejor negocio de mi vida. Con ese dinero, mi mujer pudo comprarse ropa y yo pude pagar las facturas. Me compré un portátil para escribir. Compré neumáticos nuevos para mi coche. Ésa fue, verdaderamente, una época dichosa.

Larry continuó siendo mi asesor y mi amigo durante todo el tiempo que viví en Houston. Él también quería ser escritor, y al menos había empezado a escribir su propio libro. Me dijo que, si le ayudaba a terminarlo, me daría su viejo ordenador personal. Hasta que compré el ordenador potátil, estuve escribiendo en máquinas de escribir portátiles. Me encantaba mi máquina de escribir y, en cierto modo, todavía la echo de menos. Realmente te tenías que concentrar cuando escribías. No podías copiar y pegar como lo haces en un ordenador. Echo de menos la intensidad de concentración que se requería para escribir en una máquina de escribir. Pero me adapté rápidamente a escribir en un ordenador. Larry me regaló el suyo, me enseñó a encenderlo, a introducir el disco (recuerda que era aproximadamente el año 1992) y a ponerlo en marcha.

Cuando llevaba unas horas jugando con el ordenador, escribí un pequeño folleto que se convirtió en un éxito absoluto. *Turbocharge Your Writing* fue un pequeño libro de sólo dieciséis páginas, me lo imprimió un impresor que conocía sin cobrarme nada, pues sabía que le daría crédito públicamente. Y el pequeño libro se convirtió en *Hypnotic Writing*, el que vendía en la parte posterior de la sala después de las charlas. Además, se convirtió en mi primer libro electrónico y tuvo un impresionante éxito en Internet.

Larry era sabio, amable y experimentado. Cuando su hermano y yo asistimos al seminario de autoayuda del Landmark Forum y ambos sentimos que había sido una pérdida de tiempo, Larry se reunió con nosotros para hablar de nuestra decepción.

—Ha sido un desperdicio –dije.

—Sólo unos cuantos egos pavoneándose sobre el escenario –dijo su hermano.

Larry nos miró pensativo.

—Ese seminario se viene realizando desde hace más de diez años –empezó diciendo–. Ha sido diseñado para ayudar a la gente a obtener resultados. Ha funcionado para decenas de miles de personas. El motivo por el cual quizás no haya funcionado para vosotros posiblemente es porque no habéis querido que funcionara.

Me quedé boquiabierto.

—Si queréis quedaros estancados –explicó Larry– encontraréis defectos en todas las personas y cosas, en lugar de permitiros la oportunidad de experimentar un cambio.

Nunca olvidaré esa reflexión suya. Hizo que me diera cuenta de que algunas personas (incluido yo) eligen inconscientemente quejarse para poder seguir estando como están.

Recientemente, traté de encontrar a Larry en Internet. No está en Facebook y no veo que aparezca en ningún lado. Su bondad inesperada conmigo me ayudó en una época oscura. Me gustaría agradecérselo una vez más.

> «Los actos de bondad más simples son, de lejos, más poderosos que miles de cabezas inclinadas en oración».
>
> MAHATMA GANDHI

Uno de los mejores libros que leí en mi vida fue *The Great Brain Robbery* de Ray Considine y Murray Raphel hacia 1987.

Me había propuesto aprender *marketing* y devoraba todo lo que encontraba sobre el tema en cualquier biblioteca o librería. Descubrir las obras de estos dos autores, y en particular ese libro, fue un punto de inflexión.

Siempre me había preguntado cómo les llegaban las ideas a las personas creativas. Cómo se les ocurrían nuevos negocios a los empresarios. Cómo los millonarios y multimillonarios eran capaces de pensar a lo grande. Me sentía tonto e incompetente, pero leer historias de cómo personas normales resolvían los problemas me ayudó a aprender a pensar de otra forma.

Fue como aprender un nuevo idioma. Al principio, no entiendes nada. Te sientes inadecuado. Pero continúas escuchándolo hasta que empieza a tener sentido. Al poco tiempo, tú también estás hablando ese idioma.

Estos autores me impresionaron tanto que le escribí una carta a Murray como admirador: Tenía dificultades. Era desconocido. Pero ávido. Sincero. Y deseoso. Él vio algo en mí y no me envió sólo una carta, sino también una caja llena de sus productos.

Libros. Videos. Artículos. Estaba feliz por haber recibido esa inmensa caja llena de regalos. Murray me la envió con todo corazón. No me pidió nada a cambio. No llegó ninguna factura. Ninguna petición. Era una persona generosa.

No había pensado en él en décadas. Hace un rato entré en Internet e hice una búsqueda. Murray no sólo sigue vivo y trabajando, sino que además ahora es también dramaturgo. Al parecer, vendió su negocio de *marketing* y esta vinculado a la Universidad de Siracusa. He intentado ponerme en contacto con él a través de LinkedIn y Facebook para recordarle lo bondadoso que fue conmigo y agradecerle una vez más, pero su información de contacto parece estar bloqueada. He encargado un libro que parece ser su autobiografía: *Murray Raphel Remembers*.

Independientemente de cuál sea el contenido de ese libro, siempre llevaré en mi corazón a Murray y la bondad inesperada que le mostró a un escritor desconocido.

> «¿Cómo cambiamos el mundo?
> Con un acto casual de bondad a la vez».
>
> Morgan Freeman

A finales de la década de los ochenta y los noventa, devoraba libros sobre *marketing,* publicidad, redacción y otros temas. Cuando mi primer libro se publicó sin pena ni gloria en 1984, supe que tenía que aprender *marketing* o nadie se fijaría nunca en mí. Ni en nada de lo que escribiera.

Uno de los autores más prolíficos en aquella época era Jeffrey Lant. Sus libros mastodónticos ayudaron a muchas personas, incluido yo. Un día, Lant ofreció la oportunidad de poner un anuncio publicitario en una baraja de cartas que serían enviadas a sus clientes y a los compradores de sus libros. Tomé una página del libro de Lant y sentí que esa era una gran oportunidad. Pagué mil dólares (que tuve que pedir prestados) y puse un anuncio en el que ofrecía «Una estrategia de *marketing* personalizado gratuita» enseñada por mí.

El anuncio llegó a la gente. La oferta era bastante irresistible. Cuando una persona respondió al anuncio, le envié un plan general de *marketing* ya elaborado, personalizado con su nombre y algunos consejos basados en su rubro de negocio. Realmente personalizaba cada informe. Invitaba a las personas a que me escribieran (entonces no existían los correos electrónicos) si querían hablar conmigo acerca de cómo implementar la estrategia.

No me contactaron muchas personas, pero hubo un hombre que me cambió la vida para siempre.

Jim Chandler y yo conversamos. Él era de Ohio, al igual que yo. Había estudiado en la Universidad del Estado de Kent, al igual que yo. Le interesaban la escritura, la industria editorial y el *marketing*, al igual que a mí. Éramos como dos hermanos gemelos perdidos que finalmente se encuentran el uno al otro.

Jim quería ser editor. Yo quería publicar uno de mis libros. Creamos una situación en el que ambos salíamos ganando. Jim publicó mi libro *The Seven Lost Secrets of Success*. Yo le ayudé con la publicidad, le di consejos de edición y documentos de *marketing*, como cartas de ventas.

Ése fue el comienzo de mi éxito como escritor. El libro fue bien recibido y tuvo buenas críticas. Y descubrí que me desempeñaba muy bien en las entrevistas. Un grupo de comerciales oyó una entrevista que me hicieron en la radio mientras estaban marchándose de la ciudad. Detuvieron el coche, dieron media vuelta y se dirigieron a una librería donde yo iba a realizar una firma de ejemplares más tarde. Todos ellos compraron mis libros.

En otra ocasión fui entrevistado por el presidente de una empresa de *marketing* multinivel. Le gustaron tanto mis respuestas que compró casi 20 000 ejemplares de mi libro. Fue algo milagroso. Fue una de las primeras ganancias importantes en mi carrera como escritor, la cual me permitió viajar a Australia por primera vez. Las ventas de ese libro hicieron que decenas de miles de nuevas personas me conocieran.

De no haber sido por Jim, no estoy seguro cuánto tiempo más hubiera tardado en convertirme en un autor conocido. Estaba en ascenso, pero todavía no había llegado. La bondad inesperada de Jim me dio el impulso que necesitaba de seguridad y notoriedad.

Hasta el día de hoy, sigo en contacto con Jim. Le estaré eternamente agradecido por su bondad inesperada.

> «Conmover a alguien con la bondad
> es cambiar a alguien para siempre».

MIKE DOOLEY

Un día, cuando estaba ojeando los anuncios que aparecían en la contraportada de unas revistas *new age* de los ochenta y noventa, vi uno de aspecto extraño que anunciaba un libro sobre nuevos comienzos. Eran las enseñanzas de Abraham.

Los autores eran Jerry y Esther Hicks. Pero llamarlos «autores» era ir muy lejos, ya que la información que ellos transmitían por escrito provenía de una fuente sobrenatural.

Escribí y solicité un ejemplar para el servicio de prensa. En aquella época me pagaban 25 dólares por hacer una reseña de un libro. Yo quería recibir el libro gratis y el cheque para sobrevivir.

El libro estaba tan mal producido que era un manuscrito mecanografiado, impreso y encuadernado. No era bonito, pero la energía que rodeaba al libro me cautivó. Lo leí y les escribí a los autores. Resultó ser que ellos también estaban en Texas.

Jerry me llamó y la pasamos muy bien juntos. Tenía una voz clara y una presencia enérgica. Me hizo preguntas sobre *marketing*. A esas alturas, ya me estaba convirtiendo en un experto en el tema.

Jerry me contrató para que escribiera un anuncio de una página completa, la contraportada y la introducción para su primer libro para niños, *Sara*.

Nos reunimos en Carmel Temple, una pequeña iglesia en Houston. Yo conocía a la pareja que dirigía ese lugar. Ya había dado charlas ahí en una ocasión, un tiempo después que lo hiciera José Silva.

Jerry y Esther vinieron a dar una charla. Tuvimos una conexión maravillosa. Después del evento fuimos a comer juntos. Me sentí muy cerca de ellos. Me parecieron unas de las personas más agradables que había conocido en mi vida. En toda mi vida. Era un placer estar con ellos.

Me contrataron para hacer la publicidad mensual. Debía escribir comunicados de prensa y enviarlos. Como necesitaban una página web, les presenté a la persona que se encargaba de mi web.

Cuando los Hicks empezaron a crecer, su pequeña tienda familiar no tenía la capacidad de hacerse cargo de todos los pedidos. Me pidieron consejos sobre un *software* que pudiera procesar decenas de miles de pedidos al mes. Estaban creciendo más que cualquiera de las editoriales convencionales.

Un día, Jerry me llamó para decirme que tenía una idea para un calendario inusual:

—Tiene dos columnas en la parte delantera –me explicó–. Una es para la lista de tareas que tienes que hacer y la otra es para las cosas de las que se va a encargar el universo. En la parte posterior habrá una cita de Abraham.

Jerry quería saber quién podría publicarlo. Sigo pensando que ésa fue la mejor idea y el mejor calendario que se hayan creado jamás. Hasta el día de hoy le hablo a la gente acerca de esas dos listas.

Los Hicks me invitaron a un seminario que iban a llevar a cabo en San Antonio. Después del seminario, fui con un pequeño grupo de personas a visitar su hogar.

He incluido a Jerry y Esther en este libro porque siempre fueron cariñosos conmigo y siempre me apoyaron. Muchas personas en la comunidad *New Age* son poco fiables. No es el caso de los Hicks. Ellos tenían las ideas claras e integridad, y me trataron con muchísimo respeto. Algunos de los clientes con los que trabajé no tuvieron ese respeto hacia mí. Por lo tanto, cuando se trata de Jerry y Esther, considero que mostraron una bondad inesperada.

Jerry ya ha fallecido, pero Esther continúa realizando su trabajo canalizando a Abraham. Los amo y siempre estaré agradecido con ellos. Las enseñanzas de Abraham me inspiraron enormemente y me ayudaron a tener una vida más feliz.

> «Siempre puedes dar algo,
> aunque sólo sea amabilidad».
>
> ANA FRANK

Uno de los mejores libros que leí en los ochenta sobre negociación, persuasión y ventas fue *Secrets of Power Negotiating* de Roger Dawson. Me fascinó. Era brillante y estaba muy bien escrito. Me quedé tan impresionado que le escribí al autor una carta de felicitación. Para mi sorpresa, me respondió. Eso, en sí mismo, fue un acto de bondad, pero además me dijo que iba a viajar a Houston y me invitó a asistir a su charla.

En esa época tenía un coche grande, sucio, ruidoso y poco fiable. Seguía viviendo en aquella pocilga de habitación, pero me puse una chaqueta deportiva que había comprado en la Beneficencia, subí a mi coche y conduje hasta el evento en Houston. Quería conocer a Roger.

Roger Dawson sonrió de oreja a oreja, me dio un apretón de manos y me invitó a sentarme.

—No se vendieron todas las entradas –dijo–, pero es un buen grupo.

Cautivó al público con su acento británico y unas historias encantadoras. Parecía estar relajado y seguro de sí mismo, con una actitud profesional y persuasiva.

Después de la charla, se colocó junto a una mesa con sus libros y casetes que estaban a la venta.

—Te daré mis cintas recientes de Nightingale-Conant –me dijo.

Me dispuse a agarrar un paquete de cintas que estaba sobre la mesa, pero él me detuvo.

—Espera. Te daré una después. Quiero que la gente piense que los paquetes son escasos, así que cada vez sólo dejo uno en la mesa.

Lo entendí. Estaba aprendiendo.

Me ofrecí a llevarlo al aeropuerto después del evento y él aceptó. Ciertamente, no sabía que lo llevaría en un coche de los Picapiedras. Cuando llegué a recogerlo en mi coche, dijo:

—No te preocupes, el hotel puede conseguir alguien que me lleve.

—Pero me gustaría ser yo quien te lleve –le dije.

Roger aceptó, lo cual fue otro acto de bondad.

Durante el viaje, le dije que yo también quería tener éxito. Le hablé de mis esfuerzos por entrar en Nightingale-Conant. Le dije que estaba tratando de ser un escritor que tuviera libros publicados, y le confesé que me sentía atascado y confundido.

—Siempre puedes elegir –me dijo.

—No siento que sea así.

—Siempre hay otro camino –insistió.

—Me siento perdido –continué–. No sé cómo tener éxito creando algo original.

—Crea el Método Vitale –me aconsejó. No le entendí.

—No hay nada nuevo en ninguna parte. Sólo tienes que poner un nuevo nombre a las cosas. Mi programa de persuasión lo tomé básicamente de Aristóteles.

—Me encanta su libro –le dije.

—No lo escribí yo –me confesó.

—¿No?

—Lo hizo un escritor fantasma. Yo soy mejor orador que escritor.

Me quedé anonadado. Atónito. Me sentí decepcionado. Siendo un aspirante a escritor, anhelaba encontrar libros que admirara y autores que dominaran el arte de la escritura. Pensaba que Roger era una joya. Enterarme de que no había sido él quien había escrito su libro realmente me dejó hecho polvo.

Pero Roger fue sincero conmigo. Siempre le agradeceré que dedicara tanto tiempo a un don nadie. No había nada que indicara que yo llegaría a tener éxito algún día. Sin embargo, Roger me trató con respeto y me ofreció sus consejos sin que se los pidiera. Incluso el hecho de que me confesara que no había escrito su libro fue con la intención de instruirme, no de frustrarme o decepcionarme. Estaba tratando de ayudarme.

Casi dos décadas más tarde, me encontraba en los estudios de Nightingale-Conant grabando otro programa cuando alguien mencionó a Roger. Le conté al ingeniero toda la historia de lo amable que había sido conmigo mucho tiempo atrás.

—Hagamos un video para él.

Lo hicimos. Ahí mismo. La cámara se encendió e hice un video breve de agradecimiento para Roger. Nunca supe si lo recibió, o si lo vio, pero lo hice y se lo enviamos.

> «Cuando las palabras son ciertas y amables,
> pueden cambiar el mundo».
>
> BUDA

Un sanador, al que llamaré Jonathan, le dio un nuevo rumbo a mi vida con el regalo de su asesoría. No recuerdo bien cómo nos conocimos; quizás fuera en una reunión en Houston en la que se acercó a mí. Me dijo que ayudaba a la gente a superar sus bloqueos. Cuando le pedí que me lo explicase, no fue capaz de hacerlo, pero me invitó a tener una sesión gratuita con él.

Yo estaba en la ruina y me sentía desesperado. No pude decirle que no. Estaba aprendiendo que uno de los secretos del éxito era decir «Sí». En mi primera sesión con Jonathan, los dos nos sentimos conmovidos. Él «sintió» que no debía cobrarme nunca y que tenía que continuar trabajando conmigo. La energía que recorrió mi cuerpo y ascendió por mi columna vertebral como un torpedo me asombró.

Durante varios años, Jonathan y yo trabajamos juntos semanalmente. Nos reuníamos, hablábamos de lo que teníamos en la mente, aclarábamos lo que podíamos verbalmente y luego cerrábamos los ojos, nos relajábamos e invitábamos a la energía divina a corregir nuestras vías interiores. Una o dos horas más tarde, «despertábamos». Luego salíamos a comer a un restaurante tailandés que nos hacía sonreír.

Mientras trabajaba con Jonathan, mi carrera empezó a despegar. Cuando comenzamos, yo era un desconocido que tenía dificultades para llegar a fin de mes, vivía en una pocilga y tenía un coche que era chatarra. Después de pasar un tiempo con él, mis libros fueron publicados, me hice un nombre como vendedor en línea, me compré una casa financiada por el propietario y mi primer coche nuevo.

Me entristece decir que, desde hace mucho tiempo, Jonathan ya no está en mi vida. Su bondad inesperada me enseñó el valor de eliminar los bloqueos en la energía interior. Le estoy eternamente agradecido.

«Mediante la bondad puedes lograr
aquello que no puedes lograr por la fuerza».

PUBILIO SIRO

Mientras aprendía *marketing* y lo aplicaba a mis propios libros, otros autores empezaban a buscarme. Así fue como conocí a un ángel guardián de carne y hueso, un hombre capaz de caminar sobre el agua. De hecho, uno de sus libros se titula *Cuando sepas andar sobre el agua, toma el bote.*

John Harricharan era un maestro espiritual y un orador amoroso, sincero y locuaz proveniente de Sudamérica, de ascendencia india. La primera vez que hablamos por teléfono, me encantó su voz y su vibra. Era considerado un vidente, pero no le gustaba esa etiqueta. Simplemente era intuitivo, como todo el mundo.

En aquella época, yo ansiaba atraer el automóvil más maravilloso que podía imaginar: un BMW Z3. Había visto uno en la autopista en Houston y deseaba tenerlo, le hablé de ello a John.

—Ese coche va a llegar a ti –me decía–. Pronto será tuyo.

Yo ayudaba a John con el *marketing* y él me ayudaba con las decisiones de mi vida, como la decisión de dejar a mi primera esposa.

Ella quería estar sola. Incluso me animaba a que saliera con otras mujeres y buscara una nueva pareja. Eso me confundía y me asustaba. John siempre nos apoyó, tanto a mi mujer como a mí. Sus consejos me consolaban, y a ella también.

Durante la separación y, posteriormente, durante el divorcio, John nos brindó su apoyo a ambos. Su bondad inesperada fue tan increíble que todavía hoy me maravilla su generosidad.

Un día, quedé con él para comer en Atlanta, antes de dar una charla en su propio evento.

—Mírame –le dije–. Estoy con uno de los más grandes maestros espirituales de nuestra época.

John miró a su alrededor.

—Te estoy hablando A TI –dije.

Era tan humilde que no se dio cuenta de que ese comentario hiperbólico era una verdad y que se refería a él.

John era un hombre muy sabio. Estas son algunas de sus frases más destacadas:

«El subconsciente reacciona muy rápidamente a las emociones o sentimientos intensos. Cualquier cosa que imaginas vívidamente, tu subconsciente cree que está ocurriendo de verdad. El subconsciente, si es instruido adecuadamente, es como un sirviente fiel y obediente que cumple todos tus deseos».

Y…

«Si no sientes que mereces tener cosas buenas, subconscientemente, harás todo lo que esté a tu alcance para castigarte por no conseguirlas. De modo que sentir que uno es merecedor es algo sumamente importante».

Y…

«El miedo no puede existir en presencia de la fe. El miedo sólo existe porque sientes que no tienes el control. Renuncia a la necesidad de tener el control, da un salto de fe, y el miedo se disipará como se disipa la bruma con el sol matinal».

Estuvimos en contacto cuando mi primera esposa falleció, mientras se desarrollaba mi relación con la mujer que sería mi segunda esposa, y mientras yo atraía mi BMW Z3 (y posteriormente otros automóviles a lo largo de los años).

Además, John me presentó al hombre que cambiaría mi vida y mi economía para siempre.

Uno de los clientes y amigos de John le dijo: «Si pudiera conocer a cualquier persona, me encantaría conocer a Joe Vitale». «Ningún problema –respondió John–, le haré una llamada».

Me llamó y ése fue el inicio de una relación con Frank Mangano y su empresa, Statbrook, que todavía perdura en la actualidad. Frank y su familia se convirtieron en unos amigos muy queridos. Y cada vez que nos reuníamos o hablábamos, pensábamos también en John.

Tristemente, John ya no está con nosotros, pero nunca he olvidado su bondad inesperada con mi mujer, Frank y yo.

En nuestras mentes, realmente logramos caminar sobre las aguas.

«¡Qué lejos arroja su luz esa pequeña vela!
Así brilla una buena acción en un mundo cansado».

William Shakespeare

Barney Zick era como un gigante. Era un hombre alto y robusto, con una voz fuerte y una gran presencia, que llamaba la atención. Era orador y consultor. Tenía éxito en el mercado inmobiliario, publicaba libros y lanzaba audios. Escuchó una de mis charlas matinales en una reunión en Houston y le gustó.

—Tengo una oportunidad para ti –me dijo un día mientras almorzábamos.

—Cuéntame.

—La cadena de televisión PBS quiere que des una charla sobre *marketing* a un grupo pequeño de personas. La van a filmar con sus grandes cámaras y te van a entregar la cinta maestra original.

Yo era sumamente ingenuo y, aunque entendía que hacerlo me beneficiaría, no comprendía que también me aportaría experiencia y publicidad.

—¿Me pagarán algo? –pregunté.

—No –dijo Barney–, pero filmarán tu charla y eso cuesta unos doce mil dólares. Después tú puedes hacer copias y venderla, y utilizar eso para que conseguir que te paguen cuando des charlas, y más cosas.

Me convenció.

Regresé a la pequeña y triste habitación en la que vivía y me obsesioné. Quería que mi presentación impresionara a la gente. Encontré copias de viejos anuncios publicitarios, hice gráficos para el retroproyector y me preparé. Aunque esencialmente estaba en la ruina y prácticamente sin un centavo, tenía una tarjeta de crédito, de modo que me compré un traje de 800 dólares. Quería tener un buen aspecto. Nunca me había comprado ropa tan cara. Mi lógica me decía que, si me iban a filmar, esa grabación podía perdurar para siempre.

En el estudio de grabación había menos de veinte personas. Las cámaras eran de las antiguas que se utilizaban para filmar programas de televisión. Hice lo posible para no permitir que me distrajeran mientras se movían a mi alrededor. Claramente, estaba nervioso, porque empecé a sudar mientras hablaba. Pero hice una buena presentación y todavía hoy se puede ver en YouTube, casi treinta años más tarde.

Barney tenía razón. Más adelante, incluimos una introducción a la presentación filmada y convertí la grabación en un producto completo. Ése fue mi curso sobre «*Marketing* que vende». Más adelante, gente como Mark Joyner y muchas otras personas lo compraron. Ese video me catapultó como una autoridad en *marketing*.

Me entristece decir que Barney falleció en 2005. No llegó a ver despegar mi carrera. Fue muy generoso en mi vida profesional. Me aconsejó sobre mi tarjeta de presentación, mis charlas y mi futuro. Echo de menos a Barney y su bondad inesperada.

«Muchos hombres fracasan porque no ven la importancia
de ser bondadosos y amables con sus subordinados.
La amabilidad con todas las personas
siempre sale a cuenta.
Y, además, ser amable es un placer».

CHARLES M. SCHWAB

Como dije anteriormente, uno de los secretos para alcanzar el éxito es
que alguien crea en ti más de lo que tú crees en ti.

Una de las personas que hicieron eso por mí a principios de los
noventa fue una mujer que asistía a una de mis clases del programa
de educación para adultos. Un día, me preguntó si podía almorzar
conmigo.

En aquella época hacía *jogging* y tenía espolones en los talones. Eran
sumamente dolorosos. Recuerdo que llegué cojeando al restaurante
donde había quedado con Louise Dewey. Después de los saludos, me
hizo una oferta inesperada y generosa que me impactó.

—Soy viuda –dijo–. Mi marido me dejó un poco de dinero. No es
mucho, pero me gustaría patrocinar un evento para usted.

No sabía por qué, o cómo pretendía hacerlo, y no supe cómo responder a su impresionante oferta.

—¿Un evento?

—Creo que usted tiene futuro –dijo–. Necesita hacer algo más
grande que participar en un programa de educación para adultos. Eso

le ha servido como entrenamiento y para darse a conocer, pero tiene que organizar su propio evento.

Mis clases eran muy reducidas, pues en los primeros años tenía menos de diez alumnos. Posteriormente, cuando dirigí un centro de meditación durante un tiempo, pude conseguir algunos más, pero no estaba haciendo mucho como promotor de eventos o líder.

—¿Cuál sería el tema del evento? –pregunté.

—El que usted quiera.

Hablamos un poco más. Yo estaba bastante confundido. Louise me estaba ofreciendo una oportunidad, pero no me sentía preparado para llevarla a cabo.

—Luego, con los ingresos del evento, puede devolverme el dinero –dijo–. Y si no funciona, lo daré por perdido. Pero creo que funcionará.

No acepté su oferta. Me sentía demasiado inseguro. Tenía demasiado miedo. Estaba demasiado acostumbrado a pensar que nada funcionaba para mí, así que, ¿por qué iba a funcionar esto?

Pero nunca olvidé a Louise y su bondad inesperada.

Sigo en contacto con ella. Ha asistido a prácticamente todos los eventos que he llevado a cabo en Texas y participa como voluntaria.

He presentado a Luise y he contado la historia de que ella creyó en mí más que yo. Gracias a ella y a su confianza en mí, lentamente fui presentándome ante el mundo como escritor, orador y líder. Pero en aquella época en Houston, cuando iba cojeando por la vida y ella me dijo que se ofrecía a ayudarme a lanzar mi carrera, simplemente no me sentí preparado para aceptar su oferta.

Hoy sé que el secreto para el éxito es decir «sí», incluso cuando no tienes ni idea de cómo vas a hacer lo que te están pidiendo. Decir «sí» a un gran objetivo nos ayuda a convertirnos en la persona capaz de manifestarlo, pero no lo sabía cuando Louis se acercó a mí la primera vez. Afortunadamente, sigue siendo un ángel y una persona que me apoya en mi vida, y continúa practicando la bondad inesperada.

> «Creemos una nueva regla de vida a partir de esta noche: intenta siempre ser un poco más amable de lo necesario».

JAMES BARRIE

En la época en que miraba los anuncios clasificados en la contraportada de las revistas *new age*, encontré uno en el que vendían una cinta llamada «Terapia de racionalización». Costaba unos cinco dólares, aproximadamente. Aunque estaba en la bancarrota, siempre invertía en material de aprendizaje y me pareció que ese casete sería un punto de inflexión, de modo que lo compré.

El casete tenía una visión humorística de la forma en que racionalizamos todo lo que hacemos, hasta la máxima ridiculez. Pero junto con esa cinta venía otro audio. La persona que había hecho el casete me había enviado un mensaje grabado y me invitaba a que grabara otro para él.

Este hombre se convirtió en mi amigo de audio durante los siguientes diez años. Todavía recuerdo la primera cinta que grabé para él. En aquella época estaba viviendo en una habitación muy deteriorada, no tenía ni un duro, me sentía desesperado y era infeliz, pero sentí curiosidad. Mi voz sonaba temblorosa y vacilante, me sentía inseguro, pero quería grabar una cinta. Me pareció una idea divertida.

La grabé y se la envié. Mi nuevo amigo grabó otro casete como respuesta. Lentamente, a lo largo del tiempo, empezamos a enviarnos casetes semanalmente. Hablábamos de los libros que estábamos leyendo, de los casetes que escuchábamos, de los gurús de la autoayuda y de sus métodos. Cuantas más cintas hacía, más cómodo me sentía haciéndolas. Al poco tiempo, me estaba grabando despotricando mientras conducía por las calles de Houston. Improvisaba de una forma desinhibida, expresando mis opiniones con seguridad y disfrutando.

Tendrían que pasar casi veinte años para que llegara a conocer a ese hombre misterioso que vivía en Nashville. Fui ahí porque una persona ganadora de un Grammy, que había masterizado un disco de Neil Diamond, iba a masterizar uno de mis últimos álbumes de música. Y, aprovechando que estaba ahí, quedé para tomar un café con Scott.

Scott Hammaker era un encanto.

—Gracias a ti –le dije– ahora puedo hablar en público. Esos diez años grabando cintas en el coche me ayudaron a relajarme como orador. Ahora puedo subirme a un escenario y sentirme cómodo hablando.

Era verdad. Aprendí a hablar, a ser entretenido y a ser educativo gracias a esa década en la que estuve creando casetes para Scott. Las cintas que él me enviaba en respuesta me daban *feedback* y ánimos. Continuar grabando cintas para él me sirvió como ensayo para una vida sobre los escenarios que nunca pensé que tendría.

Dudo que Scott sintiera realmente mi sinceridad. Pero quería agradecerle por su bondad inesperada.

> «Dondequiera que haya un ser humano,
> hay una oportunidad para la bondad».
>
> SÉNECA

Tratar de ser un escritor con libros publicados fue un largo viaje que me llevó a quedarme sin hogar y luego vivir en la pobreza. Siempre tenía dificultades económicas, pero no dejaba de intentarlo.

A lo largo del camino, hacia 1990, descubrí a Bob Bly y sus libros, en particular *Secrets of a Freelance Writer*. Ese libro me hizo ver las distintas formas en las que podía ganar dinero escribiendo. Además, me presentó a un mentor de larga distancia que me brindó una bondad inesperada, en repetidas ocasiones.

Después de leer el libro de Bob, le escribí. Él me escribió de vuelta respondiendo a mis preguntas y me habló de sus otros libros. Me encantaba su toque personal. Todavía tengo la mayoría de esas cartas. Leí sus otros informes, y otros libros, y apliqué todo lo que estaba aprendiendo. Pude convertirme en redactor publicitario gracias a los consejos de Bob. Ser escritor de textos publicitarios me llevó, finalmente, a ganar más dinero con mis libros.

Bob y yo nos mantuvimos en contacto. Cuando conseguí los primeros contratos para mis libros en 1995, lo llamé y le pedí consejo. No tenía un agente y Bob fue generoso y se tomó el tiempo para ayudarme. Nunca lo olvidaré.

Cuando Internet se volvió público, y fui considerado un pionero del *marketing online,* Bob me escribió, pidiéndome consejo sobre cómo

vender en Internet. Me encantó el karma de todo ello. Yo le pedí consejos preInternet y él me pidió consejos posInternet. Ambos practicamos
la bondad inesperada el uno con el otro.

Años más tarde, en un nuevo siglo, pero antes de que *El Secreto*
sacudiera al mundo, fui a la ciudad de Nueva York para asistir a una
cena a la que Bob me había invitado. Fue encantador. Me enteré de
que amaba los libros más que nada en el mundo, al igual que yo. Y le
encantaba escribir, al igual que yo. Además, le encantaban las películas
de terror, lo cual no es mi caso. Pero supongo que, si no fuésemos dis-
tintos de alguna forma clave, no nos necesitaríamos.

Todavía mantengo la amistad con Bob y me sigue inspirando. La
gente se maravilla cuando se entera de que he escrito ochenta libros.
Yo me maravillo cuando me entero de que Bob ha escrito más de cien
(y hay más en camino). Pero todo es relativo. Bob siempre señaló que
Isaac Asimov escribió o editó más de quinientos libros. Me siento un
holgazán en comparación con cualquiera de los dos.

«Cualquier posesión que obtengamos con la espada
no puede ser segura o perdurable, pero el amor
que se obtiene mediante la bondad y la moderación
es verdadero y duradero».

ALEJANDRO MAGNO

Hacia 1997, empecé a recibir correos electrónicos de un extraño que me hacía preguntas acerca de mi próximo libro sobre P. T. Barnum.

Yo había investigado y escrito sobre ese gran animador de circo. Profundicé en la vida y la carrera de Barnum para descubrir sus estrategias para el éxito. En aquella época estaba muy metido en el *marketing* y lo consideraba un genio en el tema. Me sentí honrado y emocionado cuando se publicó mi libro, *There's a Customer Born Every Minute*.

Dado que estaba tan entusiasmado con mi proyecto, responder a las preguntas de un extraño era una extensión de mi dicha. Estaba encantado de responderle. Encantado de ayudar. El extraño continuó escribiéndome y haciéndome preguntas inteligentes. Estaba claro que era sincero, y yo le respondía de buena gana.

Pero entonces ocurrió algo impactante. Pero primero te daré el trasfondo. Yo llevaba una década anhelando que Nightingale-Conant (NC) produjera mi obra. Eran los mejores productores de audios de autoayuda de la historia. Habían grabado y promocionado a leyendas como Zig Ziglar, Napoleon Hill, Denis Waitley y Wayne Dyer. Yo quería ser uno de sus autores.

Cuando se publicó mi libro sobre Bruce Barton, *The Seven Lost Secrets of Success*, se lo envié a NC. Sentía en lo más profundo de mi ser que encajaría con su público, pero ellos me rechazaron. Y también rechazaron todas las otras ideas que tuve. Fue devastador y terriblemente decepcionante, pero nunca renuncié al sueño de ser un autor de NC.

Un día, el extraño que me hacía preguntas sobre Barnum me envió un correo electrónico que le dio un giro a mi vida.

«Gracias por responder a mis preguntas sobre Barnum. Mi nombre es Peter Wink. A propósito, si alguna vez quieres que Nightingale-Conant considere tu material, yo soy el gerente senior de *marketing*».

Me quedé boquiabierto.

Todavía recuerdo ese momento.

Todavía recuerdo mi asombro.

Debo de haberme quedado mirando fijamente a la pantalla de mi ordenador durante días. O eso me pareció. Por supuesto que le respondí a Peter, le hablé de mi sueño y me ofrecí a enviarle mis libros. Me pasó la dirección de NC y le envié una caja con cosas por correo urgente.

Peter luego abogó por mí. Me pidió más ejemplares de mis libros. Se los envié y él colocó uno en cada mesa de escritorio de las oficinas de NC.

En aquella época tenía una serie de casetes que había hecho en casa y se los envié también a Peter. Le encantaron y pensó que podían tener mucho éxito si los grabábamos profesionalmente en los estudios de NC en Chicago. Y fue a convencer al equipo. Pero no fue fácil. Las personas que tomaban las decisiones no estaban convencidas acerca de mí o de mi obra, como Peter. Declinaron. Pero Peter no se dio por vencido. Habló de mí en todas las reuniones y dejó más ejemplares de mis libros en todos los escritorios.

Cuando llegó la Navidad, Peter quitó la estrella de David que estaba en la cima del árbol y la reemplazó con mi foto. No sólo eso, sino que además puso fotos mías en todos los baños de las oficinas.

Finalmente, los gerentes decidieron darme una oportunidad. Peter me ayudó a negociar mi contrato. El anticipo fue bajo, pero me dijo que no me preocupara, que él me iba a contratar para que escribiera la carta de venta para comercializar mi programa. Y lo hizo. Entre el contrato para el nuevo contrato de audio y la paga por la redacción del anuncio, salí bastante bien parado. Además, finalmente me estaban publicando en NC.

Mi programa se llamaba «El poder de la mercadotecnia audaz» *(The Power of Outrageous Marketing)* y se convirtió inmediatamente en un gran éxito. A pesar de eso, NC no me invitó a grabar otro programa hasta después de que saliera la película *El Secreto* y después de que las ventas generales de la empresa empezaran a bajar.

Cuando regresé siete años más tarde, fue para grabar el audio que se convertiría en el mayor éxito de ventas de NC de todos los tiempos: «El Secreto Faltante» *(The Missing Secret)*.

Me encanta NC y estoy orgulloso de los diversos programas que hicimos juntos. Pero ninguno de ellos podría haber existido de no haber sido por la bondad de un hombre que me escribió preguntándome por P. T. Barnum.

> «Es propio del carácter del magnánimo no pedir
> ningún favor, más por el contrario, estar dispuesto
> a ser bondadoso con los demás».
>
> ARISTÓTELES

En 1998 viajé a Australia a causa de una coma faltante. En ese entonces, mi lista de correos electrónicos era muy pequeña y respondía personalmente a cualquiera que me escribiera.

Un día, recibí un correo electrónico que decía simplemente: «Hermoso Joe. Me encantó tu publicación más reciente». La persona que me escribía había querido decir «Hermoso, Joe», pero al no haber una coma, la frase se convertía en un piropo. Le respondí.

Resultó ser que se trataba de una mujer llamada Alicia que vivía en Australia. Lo que ella no sabía era que, desde hacía años, yo deseaba visitar ese país. Empezamos a escribirnos.

Alicia era actriz, o al menos quería serlo. Su marido y ella vivían en Melbourne y me invitaron a visitarlos, diciendo que harían de guías turísticos para mí. Sonaba interesante.

Mi libro *The Seven Lost Secrets of Success* se había vendido muy bien y tenía algo de dinero. Mi primera esposa no quiso acompañarme.

Aunque en aquella época sólo había tomado unos pocos vuelos nacionales y jamás había tomado un vuelo internacional, abordé un avión e inicié una larga aventura en el extranjero para conocer a unos absolutos desconocidos.

Nunca había viajado tanto en avión. O en vuelos tan largos. O a otro país. Lo que me tranquilizaba era saber que Alicia iba a estar ahí para recibirme. Aunque nunca nos habíamos visto, nos habíamos escrito lo suficiente como para que confiara en ella.

Alicia me recibió en el aeropuerto junto con su marido. Era una rubia musculosa con cuerpo de amazona, increíblemente bella. Su marido era bajito, rechoncho, y con un sentido del humor desenfrenado. Los dos me dieron la bienvenida y se ofrecieron a llevarme a cenar.

Habían hecho planes para toda mi estadía de una semana. Tenían *tours* y reservas. Ninguno de los dos tenía mucho dinero, pero estaban haciendo todo lo que podían.

«Para nosotros, tú eres como Wayne Dyer».

Me encontraba a años de distancia de la fama que luego me proporcionaron *El Secreto* y mis libros de autoayuda. Aún no me había dado cuenta de que mi presencia en Internet estaba convirtiéndome en una especie de celebridad.

Me llevaron a un restaurante en la Pequeña Italia de Melbourne que fue tan inolvidablemente delicioso que regresamos tres veces en cinco días.

Giovanni Ricco se parecía a Elvis, sólo que era italiano y hablaba con acento australiano. Sabía como entretener a la gente. Cantaba en las mesas. Bailaba.

Le caí bien. Me habló de Italia y me insistió en que debía ir allí.

—Algo grandioso te va a ocurrir cuando vayas –dijo–. Ve. Tienes que ir.

Giovanni se aseguró de que quedara lleno. No hubo ningún control en el tamaño de las porciones. Nada de porciones individuales. Cada comida era como una comida de domingo con la familia, en términos de saturación y satisfacción. Una noche, me había dado tanta comida y bebida, que masculle que necesitaba un taxi.

—¿Un qué?

—No puedo caminar –dije–. Necesito que me consigas un taxi que me lleve al motel.

Lo hizo. Y todavía recuerdo el dolor de cabeza que tuve a la mañana siguiente.

Todavía pienso en Giovanni en la actualidad, décadas más tarde. Pero lo que nunca he olvidado fue la bondad inesperada de Alicia y su marido. Con o sin coma.

> «La bondad extendida, recibida u observada
> impacta de una forma beneficiosa en la salud
> física y en los sentimientos de todos los implicados».

WAYNE DYER

Bob Proctor le dio una nueva dirección a mi vida con un acto de bondad que yo no estaba preparado para aceptar. O al menos creía que no lo estaba. Lo bueno es que eso no lo detuvo pues, de haberlo hecho, no estaría escribiendo estas palabras hoy.

Fue en 1999. Me estaba haciendo un nombre como redactor, mercadólogo y emprendedor en Internet. Mis libros para la American Marketing Association y la American Management Association ya estaban a la venta. Mi primer programa de audio con Nightingale-Conant ya estaba a la venta. Se hablaba de mí. Las personas me buscaban para que les diera consejos.

Un hombre me envió un cheque de veinte mil dólares, contratándome para que escribiera sus comunicados de prensa antes de conocerme personalmente. Y Bob Proctor me invitó a su seminario en Denver.

Bob ya era una leyenda. Era el Napoleon Hill de nuestra época. Hablaba de una forma directa sobre ponerse metas y alcanzarlas. Comía poco, no bebía nada, vestía siempre un traje y nunca iba despeinado. Sabía cuál era su misión. Estaba dedicado a ayudar a las personas. Había oído hablar de mí y quería conocerme. Volé a Denver para verlo.

Para agradecerle su generosidad, le regalé una copia de un folleto que había escrito, aunque todavía no había publicado, pero nunca había mostrado en público. Había escrito *Spiritual Marketing* para mi hermana. Había pasado de ser una persona que no tenía dónde vivir a ser alguien, y conocía algunos de los pasos para llegar al éxito. De modo que los escribí en ese folleto. Pensé que sería un buen regalo para Bob, así que lo imprimí en Kinkos y se lo entregué. Pero no estaba preparado para lo que ocurrió a continuación. Bob lo leyó y me dijo:

—Me encanta ese folleto tuyo. Me gustaría publicarlo. –Luego, se subió al escenario delante de su público de trescientas almas y dijo algo asombroso–: Joe Vitale está en el público, amigos. Me ha regalado su último libro. Todos deberíais tenerlo. Se llama *Spiritual Marketing*.

Sentí la oleada de energía que recorrió la sala. Se oyeron expresiones de reconocimiento. Y en el primer intermedio, la gente me abordó, pidiéndome el libro. Tuve que explicarles que el libro todavía no existía, que sólo Bob tenía un ejemplar.

—Yo publicaré su libro –me dijo un hombre, explicando que era editor.

—¡Pero si no lo ha visto!

—Bob lo tiene –respondió–, y le gusta. Con eso me basta.

Mi cabeza daba vueltas. Bob quería publicar el libro. Este extraño quería publicar el libro. Pero yo no estaba preparado para hacerlo. Pensaba que el libro dejaba al descubierto mi interés en lo sobrenatural, lo cual podía acabar con mi creciente reconocimiento como experto en *marketing*. Pero no pude ignorar las señales que me instaban a proceder.

Elegí al editor que se encontraba en el público, que utilizaba el nuevo servicio de impresión a pedido. Era una panadería de publicación. Llegaba una orden e imprimían un libro. Sin almacén. Sin inventario. Una forma brillante de conseguir imprimir un libro sin tener que hacer ningún gasto inicial.

El *New York Times* escribió un artículo acerca de esa nueva forma de publicar un libro. Me mencionaron y mencionaron a mi libro. Eso hizo que las ventas aumentaran. *Spiritual Marketing* se convirtió en mi primer superventas en Amazon. No fue el número uno, pero ciertamente estuvo entre los 50 libros más vendidos, o incluso menos.

Posteriormente, me contactó una editorial más grande. Wiley quería publicar mi libro, pero me exigía que cambiara el título. Consulté con la que era mi mente maestra en aquel entonces y se nos ocurrió el título *The Attractor Factor*.[1] Utilicé todos los trucos que aparecen en el libro para hacer que se convirtiera en el libro más vendido. Y llegó al número uno, por delante de todos los demás libros, incluido el último de J. K. Rowling, la autora de Harry Potter, y el difunto papa.

Pero la historia no acaba ahí.

Una mujer de Australia me llamó y me dijo que estaba pensando hacer una película sobre la Ley de Atracción. Había leído *The Attractor Factor* y se preguntaba si me interesaría aparecer en su película. Se trataba de *El Secreto* y el resto es historia.

Bob y yo nos mantuvimos en contacto a lo largo de las décadas. Hicimos una charla juntos en Perú. Ese fue el público en vivo más numeroso: 20 000 personas. Me pusieron escolta policial, guardaespaldas, traductor y una comitiva. El único otro orador que se presentó fue Bob. Fue un momento cumbre en mi vida.

Déjame que te cuente un par de historias que recuerdo sobre Bob.

Bob me llamó cuando yo vivía en Houston y me estaba convirtiendo en especialista en ventas y orador en el «pequeño circuito» de esa ciudad. El contestador automático de mi teléfono en aquella época decía: «Estoy ocupado ayudando a alguien a volverse rico y famoso. Tú puedes ser el siguiente. Deja tu mensaje».

Bob llamó a mi teléfono tres veces, para que cualquiera que estuviera cerca de él en su oficina oyera mi mensaje. Cuando finalmente logró hablar conmigo, me preguntó:

—¿Eres rico?

—Ni de lejos.

—En realidad nunca te has concentrado en el dinero, ¿no es así? Admití que no.

—¿Has leído *Piense y hágase rico*?

Lo había leído.

—Vuélvelo a leer –dijo Bob–. Yo lo leo todos los días, desde 1967. En otra ocasión, me preguntó si había volado en primera clase.

—No, no me lo puedo permitir –respondí.

—¿Perdona?

---

1. Publicado en español como «El poder de la atracción», Ediciones Obelisco, Barcelona, 2017.

—Volar en *business* es un acto de pensamiento de prosperidad –me explicó–. Tienes que volar en primera clase para decirte a ti mismo que te mereces la prosperidad.

Tardé al menos dos años en empezar a volar en primera. Cada vez que volaba en clase económica, me sentía pobre. La sabiduría de Bob no dejaba de sacudirme. Cuando finalmente volé en primera clase, mi autoestima aumentó, al igual que mi prosperidad. Ahora sólo vuelo en primera clase o en *jets* privados.

Lamento informarte que Bob murió a principios de 2022. Nunca lo invité a mi programa de televisión por Internet, y me arrepiento. Pero sí le di las gracias, en muchas ocasiones. Él siempre se reía, encantado de haber tenido algo que ver en la mejora de mi carrera.

Todo gracias al acto de bondad de Bob Proctor.

> «Ningún acto de bondad, por pequeño que sea,
> es desperdiciado».

Esopo

En la década de los noventa, el hombre que vendió el puente de Brooklyn le dio un gran impulso a mi carrera.

Todavía tenía dificultades económicas, pero estaba empezando a hacerme un nombre como redactor publicitario. Gracias a mi libro *Hypnotic Writing*, la gente quería contratarme para escribir cartas de ventas y anuncios publicitarios. Gracias a mi libro sobre Barnum, *There's a Customer Born Every Minute*, empresarios muy respetados me estaban contactando.

Paul Hartunian estaba viendo la tele un día cuando vio que estaban derribando un puente, el cual iba a ser reemplazado. Condujo su coche hasta ese lugar y preguntó si podía llevarse la madera. Alguien tenía que retirarla, de manera que Paul lo hizo. Pero luego la cortó en cuadrados, puso un cartel y vendió los trozos. Envió comunicados de prensa en los que decía que estaba vendiendo el puente de Brooklyn. Consiguió que su historia saliera en los medios de comunicación e incluso fue invitado al programa de Johnny Carson.

Paul oyó hablar de mí y quería conocerme. Iba a venir a Houston. Quedamos para cenar y, tres horas más tarde, mi vida había cambiado para siempre.

Hice todo lo que Paul me dijo que hiciera:

«Deja de contestar el teléfono. Consigue un contestador automático o un servicio.

»Deja de hablar gratuitamente. Cobra cada vez que te subas a un escenario.

»Crea un producto de audio. Simplemente pon cojines bajo las rendijas de la puerta, enciende la grabadora y habla. No necesitas un estudio de grabación. No necesitar editar nada. Mientras le digas a la gente que la grabación es basta y no ha sido editada, no se quejarán».

Obedecí e hice todo lo que me dijo. Creé un programa de audio llamado *Project Phineas*, en honor a P. T. Barnum, y lo vendí a 500 dólares, ya que Paul dijo que tenía que ser un producto caro. Vendí el programa, lo canjeé por los productos y servicios que deseaba, y lo utilicé como mi prototipo para congraciarme con Nightingale-Conant. Fue verdaderamente el montaje inicial de lo que luego se convertiría en el pulido *El poder de la mercadotecnia audaz* (*The Power of Outrageous Marketing*).

Además, Paul me contrató para que escribiera la carta de ventas de su programa de audio sobre citas. Escribí y reescribí esa copia tantas veces que hasta Miguel Ángel se hubiera quedado impresionado. Quería que Paul quedara satisfecho y lo logré. Le encantó.

También me empezó a enviar clientes: Escritores que querían publicidad y músicos que necesitaban un empujón mediático. Paul me dijo que debía cobrar cinco mil dólares por escribir notas de prensa. Era una suma descabellada para mí en ese momento, pero sabía que Paul era mi mentor, sin cobrarme nada, y quería reconocer su sabiduría. Quería ser exitoso como él.

El verdadero amor de Paul eran los perros. Solía conseguir donaciones para los refugios diciendo: «Dona 1000 dólares y le pondremos tu nombre a un perro». Mi primera esposa también amaba a los animales, así que doné 1000 dólares y Paul llamó «Marian» a una perra. Fue un acto inteligente y generoso para mí, para Paul y para Marian.

«Asume el sentimiento del deseo cumplido».

Neville Goddard

Antes de que existiera Internet, una de mis formas favoritas de encontrar libros antiguos era buscando en librerías de segunda mano.

Me encantaba la búsqueda. Me deleitaba pasearme por los pasillos, mirando los libros viejos y polvorientos. Cuando encontraba un libro raro sobre autoayuda, metafísica, *marketing* o redacción publicitaria, lo celebraba como otros celebran los triunfos en los partidos de fútbol.

La película *El Secreto* aun no había salido; aún tendrían que pasar décadas antes de que se estrenara, de modo que las masas no habían oído hablar de algunos de los libros que yo estaba encontrando. La gente todavía no estaba interesada en la Ley de Atracción, o en cualquiera de los autores de libros de metafísica que iniciaron el movimiento en el siglo XIX y principios del XX.

Lentamente, fui adquiriendo una buena biblioteca de joyas. Siempre he imaginado que los autores de esos volúmenes habían practicado la bondad inesperada, porque compartían su sabiduría y su experiencia con un público al que nunca conocerían, e incluso con generaciones futuras.

Autores como Elizabeth Towne, que era como una Louise Hay de principios de siglo, que escribía y publicaba a otros autores (como *La ciencia de hacerse rico* de Wallace Wattles o *Tu poder invisible* de Genevieve Behrend). Algunos de estos autores difuntos iluminaron tanto mi corazón con sus palabras olvidadas que los volví a publicar: por ejemplo, el clásico perdido de Behrend titulado *Attaining Your Desires* y el primer libro de Neville, *At Your Command* (publicado en español bajo el título *A tus órdenes*).

Escribí sobre numerosos autores, ya fallecidos, que influyeron en mí. Eran fantasmas que vivían en sus escritos, hablándome desde la máquina del tiempo llamada libros.

Neville, por ejemplo.

Nunca conocí a Neville Goddard. Falleció en 1972, justo después de que yo dejara la escuela secundaria y antes de que comenzaran mis aventuras de no tener un hogar y vivir en la pobreza. Pero dado que Neville dejó grabaciones de sus charlas, y muchos libros autopublicados, su sabiduría inusual me guio, me cambió y le dio una nueva dirección a mi vida.

Probablemente descubrí su material hacia 1995. En esa época, nadie sabía quién era. Como yo leo mucho, y voy siguiendo las «migas» mientras voy leyendo, fui conducido hacia este místico moderno.

Empecé a coleccionar sus libros y, lentamente, fui creando una biblioteca de libros autografiados por él. Además, encontré casetes de sus charlas y discos fonográficos de sus presentaciones.

La mayor parte de esto fue fácil de encontrar, y los precios eran razonables, porque todavía no había alcanzado una masa crítica de atractivo popular. Me han dicho que parte de su fama mundial fue debido a mí, pues yo citaba a Neville en mis propios libros como, por ejemplo, en *Spiritual Marketing*, también conocido como *El poder de la atracción*.

Encontré el primer libro de Neville, *At Your Command*, y pagué más de quinientos dólares por él. Me impresionó tanto su simplicidad que lo publiqué otra vez.

Una pequeña editorial, que en aquella época recién estaba empezando en ese mundo, se ofreció a imprimir el libro sin ningún coste para mí. Acepté. Y dado que me estaba convirtiendo en un experto en *marketing*, añadí una carta de ventas al libro, ofreciendo algunos de mis propios libros como una venta adicional.

Neville había practicado la bondad inesperada en su vida. He oído decir que dejaba que la gente grabara sus charlas. Mientras él estaba en el escenario, había una docena o más de grabadoras de cinta a sus pies. Regalaba su sabiduría.

Neville autopublicaba sus libros, pero, que yo sepa, nunca aplicaba ninguna restricción de derechos de autor. En consecuencia, sus libros y sus audios están fácilmente disponibles en la actualidad, más que en 1995, o incluso que en 2005, cuando publiqué su libro *At Your Command*.

«Lo que asumes como cierto, se convierte en realidad», es una de sus frases clave.

Neville firmó muchos de sus libros con la frase, «Asume el sentimiento del deseo cumplido».

Su consejo era que actuaras a partir del resultado final, lo cual quería decir que, en lugar de visualizar lo que quieres como algo que va a suceder algún día en el futuro, debes fingir que ya ha ocurrido y sentir la realidad de ello en el presente.

Décadas más tarde, grabé una canción llamada *Feel It Real* («Siente que es real»), con la cantante nominada a los Premios Grammy, Ruthie Foster, para reforzar el mensaje de Neville.

Él dijo también: «Captura el sentimiento asociado con tu deseo cumplido, asumiendo el sentimiento que tendrías si ya estuvieras en posesión de aquello que deseas, y tu deseo se materializará».

Actualmente, puedes encontrar libros de Neville, y sobre Neville, fácilmente. Se pueden encontrar antiguos ejemplares de sus obras originales, a veces autografiados, en eBay. Hoy en día, todos sus audios (y las transcripciones) están en Internet.

Neville dejó un conjunto de obras que es un acto de bondad inesperada, para mí y para millones de personas.

> «Quizás olvides las palabras amables que digas hoy, pero el destinatario podría apreciarlas durante toda su vida».

Dale Carnegie

Antes de que se publicara *El Secreto*, uno de mis primeros clientes de publicidad editorial resultó ser un mago.

Scott Lewis conocía a todo el mundo en Las Vegas porque era el quiropráctico de las estrellas. A través de él pude conocer a Lance Burton, a Marshal Brodein y a otras leyendas de la magia. Gracias a Scott, asistí a mi primera convención de magia. Fue en Las Vegas. Las estrellas de mi juventud estaban ahí, como, por ejemplo, Mark Wilson. Y un hombre verdaderamente encantador llamado John Booth. Nunca olvidaré el día en que lo conocí.

—¿Eres un mago? –me preguntó Booth.

Era guapo como los actores de la vieja escuela de Hollywood. Su sonrisa iluminaba la habitación. Su mirada estaba concentrada en mí. Estaba verdaderamente presente. A pesar de la multitud que nos rodeaba, John Booth me hizo sentir que era la persona más importante en ese evento. Me pidió mi tarjeta de presentación y se la di. La estudió durante unos instantes.

—¿Me la puedo quedar? –preguntó.

No tienes idea lo halagador que fue para mí que esa leyenda viva de la magia me pidiera quedarse con mi tarjeta. Obviamente, las tarjetas de presentación están hechas para ser repartidas. Tenía muchísimas. Pero el hecho de que me la pidiera me hizo sentir que mi tarjeta y yo éramos importantes.

Coleccioné cada libro de John Booth. Siempre lo recordaré y nunca olvidaré la bondad inesperada que mostró conmigo.

> «La bondad puede convertirse en su propio motivo.
> Nos volvemos bondadosos siendo bondadosos».
>
> ERIC HOFFER

Marshall Brodein es otro mago al que conocí el mismo día en que conocí a John Booth. Estaba en la lista de los 100 mejores magos de la historia de la revista *Magic*. En los primeros programas de la televisión, Marshall vendía kits de magia en la teletienda. Además, fue el payaso Bozo en los primeros años de la televisión.

Su mujer y él se encontraban detrás del escenario durante un programa de Lance Burton. Ella quería escribir un libro y en ese entonces yo era la persona a la que uno recurría para eso. Respondí a todas sus preguntas y me ofrecí a ayudarla. No me pareció que estaba haciendo nada del otro mundo. Simplemente estaba siendo amable.

Pero Marshall se acordaba de eso.

Posteriormente, me envió una caja suficientemente grande como para contener una nevera pequeña. En su interior había trucos de magia. Unos quince, o incluso más. Eso me hizo increíblemente feliz. Llevaba coleccionando trucos de magia desde que era pequeño; los compraba de catálogos de pedido por correo. Que un mago tan influyente me enviara una caja enorme llena de trucos de magia fue impactante. Se me dibujó una sonrisa tan amplia que me dolió la cara durante una semana.

Pero la bondad de Marshall no se detuvo ahí.

Cuando se enteró de que iba a regresar a Chicago unos meses más tarde, me invitó a su casa. No me lo podía creer. No me pude negar.

Pasó a buscarme a mi hotel en su coche y me llevó a su hogar. Su mujer y él me dieron una cena gloriosa. Me enseñó su casa y me explicó lo que eran sus afiches y sus objetos. Incluso realizó unos trucos de magia para mí. Me quedé boquiabierto mientras Marshall hacía que una llave desapareciera y luego apareciera dentro de su zapato. El tipo era increíblemente bueno.

Yo tenía algunas preguntas que quería hacerle sobre si se ponía muy nervioso cuando estaba sobre un escenario.

—Me ponía nervioso las primeras veces –explicó–. Pero la práctica te da poder y el miedo desaparece.

Le estoy muy agradecido a Marshall y su bondad inesperada.

«Espero pasar por la vida sólo una vez.
Si, por tanto, hay alguna bondad que pueda mostrar,
o algo bueno que pueda hacer por otro ser humano,
espero hacerlo ahora y no posponerlo u olvidarlo,
ya que no pasaré de nuevo por este camino».

WILLIAM PENN

Aprendí que la cooperación es mejor que la competencia cuando tuve que reunir mucho dinero en poco tiempo y recurrí a un redactor publicitario que estaba en el mismo negocio que yo.

David Garfinkel y yo intercambiamos ideas, recursos, iniciativas y más cosas. Examinamos nuestras cartas de ventas mutuamente. Jamás lo vi como un competidor. Era mi hermano. Nos apoyábamos el uno al otro. Entonces, cuando encontré una casa para comprar, pero no tenía los fondos para comprarla, fui a ver a David.

—Necesito reunir unos cincuenta mil dólares –le dije. Sólo necesitaba la paga inicial y el dinero para la mudanza.

David ni siquiera pestañeó.

Intercambiamos ideas.

—Eres un gran pensador y un pozo sin fondo de grandes ideas –dijo–. ¿Y si aceptaras algunos clientes para este año, pero les insistieras en que pagaran todo el año por adelantado?

—¿Crees que alguien aceptaría eso?

—No lo sabrás si no lo intentas.

Ambos sabíamos que intentar y probar era la forma de encontrar el secreto de todas las cosas.

Escribí cartas de ventas que lo explicaban todo: por qué necesitaba los fondos y por qué estaba ofreciendo un descuento. Era la redacción perfecta de «las razones». David la revisó, me hizo algunas sugerencias y la retocó.

La envié.

Para mi deleite y asombro, la gente me estaba pagando un año de honorarios. Reuní más de cincuenta mil dólares prácticamente en un día.

Dudo que hubiera podido hacerlo sin la bondad inesperada de David al hacer una lluvia de ideas conmigo. Le di una comisión y estuvo encantado de hacerlo, pero la mayor lección fue que uno no necesita competidores cuando tiene cooperación.

David y yo somos amigos en la actualidad, décadas después de que me ofreciera su ayuda, y nos apoyamos mutuamente en el camino de la vida.

> «Tus actos de bondad son alas iridiscentes de amor
> divino que perduran y continúan elevando a los
> demás mucho después de haberlos compartido».
>
> Rumi

Hacia 1999, uno no podía entrar en una librería sin ver el libro de Bill Phillips sobre *fitness,* o su revista, *Muscle Media.* Era como el Alejandro Magno del *fitness* y estaba conquistando el mundo, o al menos los Estados Unidos, con su desafío y su misión.

El desafío consistía en ponerse en forma en doce semanas. La misión era lograr que la gente se apuntara al *fitness.* Bill, su hermano y su empresa parecían ser como un ejército de gente musculosa tratando de despertar a las masas. Vi todo eso y me quedé fascinado. Yo había tenido sobrepeso durante prácticamente toda mi vida. Cuando tenía aproximadamente diecisiete años, pensaba que iba a ser un campeón mundial de boxeo de peso pesado. Pasé por un programa de entrenamiento que fue realmente intenso. Bajé de peso. Me puse en forma. Era una fuerza a tener en cuenta. Incluso mi padre lo notó. Pero no fui capaz de mantenerme en forma. En algún momento, me di cuenta de que nunca sería un gran boxeador. No quería que me pegaran puñetazos en la cara.

Sin embargo, el deseo de tener un buen aspecto se mantuvo. Cuando vi tantas páginas de fotos del antes y el después en las revistas de Bill, me quedé asombrado. Personas corrientes estaban transformando sus cuerpos de forma dramática. Eran personas reales. Las fotos eran reales. El método eran las rutinas de ejercicio de Bill y sus suplementos. Para asegurarse de que la gente se enganchara con su sueño, ofrecía automóviles a los que lograran las transformaciones más impresionantes.

Bill se convirtió en un Dios para mí. Asistí a su programa de doce semanas en nueve ocasiones. Lo abandonaba y luego volvía a empezar. Finalmente, entré y me quedé, y completé los cinco concursos. Perdí 36 kilos en un año. Estaba comprometido. Estaba prácticamente obsesionado. Quería ganar y recibí ayuda de entrenadores.

Scott York realizaba continuamente actos de bondad inesperada yendo a mi gimnasio y entrenándome. Se ponía en contacto conmigo a diario por correo electrónico. Se convirtió en mi amigo más querido y en mi compañero de ejercicios. En una competición, recibí una mención honrosa. Todavía tengo la lista de ganadores de la revista, con mi nombre en letras pequeñas.

Conocí a Bill brevemente por primera vez hacia el año 2007. Ambos íbamos a hablar en el mismo evento en Austin. Me quedé mirándolo fijamente, como si fuera de otro mundo. Estaba en forma y tenía una apariencia joven. Lo miraba y me preguntaba: «¿Será Bill o su hijo? Se ve demasiado joven para ser Bill».

Tímidamente, me abrí paso hasta llegar a donde él estaba. Respiré hondo y extendí la mano.

—Bill, mi nombre es…

—Sé quién eres, Joe.

—¿Lo sabes?

—En Los Ángeles llamamos a la película *El Secreto* el *show* de Michael y Joe.

Se estaba refiriendo a Michael Beckwith, quien también sale en la película.

—Asistí a tu programa *Body for Life* hace unos años –le dije–. Adelgacé 36 kilos.

—¡No me digas! –exclamó.

Clara y genuinamente, estaba impresionado.

Le pregunté si me podía tomar una foto con él. Aceptó y pude ver que era tan tímido como yo. Ninguno de los dos se sentía cómodo sobre el escenario. Podíamos hacerlo, pero nos resultaba difícil.

Tuvieron que pasar casi diez años para que volviera a ver a Bill. Yo había engordado. Luego había adelgazado. Luego había vuelto a engordar. Todavía tenía mi gimnasio. Lo llené de equipos que habían pertenecido al legendario fisicoculturista Steve Reeves. Incluso el famoso actor y culturista Lou Ferrigno vino a ver mi gimnasio. Pero me sentía frustrado ante la continua batalla para ponerme y mantenerme en forma.

Busqué a Bill. Estaba en Denver, dirigiendo su propio gimnasio. Ahora realizaba entrenamientos de transformación. Lo llamé.

—Quisiera participar en el próximo entrenamiento –le dije a la mujer que me respondió el teléfono. Ella anotó mi información y me inscribí. Pero quise pedirle algo más–. ¿Sería posible quedar con Bill y almorzar con él?

No estaba seguro de si un hombre tan dedicado al *fitness* comía al mediodía, pero valía la pena intentarlo. Quería encontrarme con a la leyenda.

—Soy su esposa –dijo la mujer–. Estoy segura de que lo puedo organizar para que os veáis.

Y lo hizo. Cuando llegamos a Denver y al gimnasio, Bill se deshizo en elogios.

—Sigo tu trabajo –dijo–. Realmente has ayudado a la gente con los temas de dinero y *marketing*.

Me sentí halagado de que este hombre tan ocupado supiera quién era yo. Me quedé para el entrenamiento y me gustó tanto que lo hice una y otra vez. Uno de mis logros en la vida fue terminar todas las competencias de transformación y que Bill me entregara unas medallas por haberlo conseguido. Una de mis fotos más queridas es una en la que estamos Bill y yo, y él me está entregando una medalla.

Hacia el año 2009, iba a ejercer de anfitrión en un evento en Austin, Texas. Le pregunté a Bill si él podría dar una charla. No tenía ni idea de si se iba a sentir insultado o halagado. No sólo aceptó hacerlo, sino que no quiso cobrar. No quiso que le pagara nada por aparecer en el escenario. Me emocioné casi hasta las lágrimas por su acto de bondad y generosidad. Su charla en mi evento fue uno de los puntos culminantes en toda mi carrera.

En 2021, Bill me preguntó si le podía ayudar a escribir su nuevo libro. Acepté inmediatamente. Pero antes de que pudiera enviarme algo para que lo revisara, enfermó gravemente. No sé si fue el Covid-19 o alguno de los virus asociados a él. Entró en coma. Perdió 32 kilos de músculo. Su mujer pidió a todos sus amigos que rezaran por él. Recobró el conocimiento un mes más tarde y, lentamente, su cuerpo y sus músculos empezaron a recuperarse.

No volví a saber de Bill después de su recuperación, hasta recientemente, cuando me contactó y me preguntó si podía ayudarle a escribir un nuevo libro sobre el calvario que había pasado. Por supuesto que acepté. Fue un honor.

Siempre recordaré a Bill y sus amorosos actos de bondad.

«Con demasiada frecuencia, subestimamos
el poder de una caricia, una sonrisa, una palabra amable,
un oído atento, un cumplido sincero o el acto de cariño
más pequeño, todo lo cual tiene el potencial
de cambiar una vida».

LEO BUSCAGLIA

Otra persona a la que conocí durante esos años de dificultades económicas, cuando daba clases en el programa de educación para adultos, fue una mujer que posteriormente se convirtió en una de las fuerzas sanadoras más poderosas en mi vida.

Kathy Jo y yo nos sentimos atraídos mutuamente. Lo sentí, y percibí que ella también. Pero yo estaba casado con mi primera mujer y era leal hasta la médula. Aún así, quedaba con Kathy para tomar un café de vez en cuando, para hablar de sus metas como escritora, de su vida y de seguir nuestra intuición.

Nos mantuvimos en contacto mientras las corrientes de la vida nos llevaban en distintas direcciones. Cuando empecé a salir con la mujer que se convertiría en mi segunda esposa, Kathy Jo me ayudó a protegerme de la madre de mi cita. Tanto mi cita como su madre eran feministas militantes que desconfiaban de los hombres. Su madre odiaba al género masculino. Temía por mi vida (literalmente) debido a la ira de su madre.

Kathy Jo tenía un intenso poder, como de ciencia ficción, para lanzar un campo de fuerza a mi alrededor. Me dijo que eso me protegería y así fue. Había oído historias de hombres que habían sido atacados y sacudidos por la madre. Un exmarine fue un día a arreglar un limpiaparabrisas y la madre le rompió uno nuevo. El hombre fue a la puerta, temblando. Sentí su miedo.

Kathy Jo realizó su protección a larga distancia para mí. A lo largo de los casi veinte años que estuve con mi segunda mujer, su madre nunca me hizo ningún daño y ni siquiera tuve un enfrentamiento con ella. Realmente creo que el trabajo esotérico de Kathy Jo fue una bondad inesperada que me mantuvo a salvo.

Mientras la vida avanzaba, mi relación con mi segunda esposa empezó a desmoronarse. Le pedí el divorcio y le ofrecí prácticamente todo lo que tenía para hacer su vida más fácil en esa dramática transición. Ella se negó a aceptar el camino más fácil. Sufrí una persecución durante tres años de mi vida y de mi negocio. Fue una agonía.

Recurrí a Kathy Jo en busca de ayuda. Ella me apoyo, una vez más, haciendo su magia desde la distancia. Por mucho que Kathy Jo trabajara, el impulso, la persecución, las demandas y el sufrimiento continuaban. Y durante esta misma época, mi padre y mi mejor amigo fallecieron, desarrollé una nueva relación con un alma hermosa que atrajo la enfermedad de neuro-Lyme y llegó la pandemia.

Kathy Jo siempre estuvo ahí, ofreciéndome su apoyo, a pesar de tener sus propios problemas. Nunca la he olvidado y todavía nos mantenemos en contacto.

«La bondad es más importante que la sabiduría,
y el reconocimiento de ello es el inicio de la sabiduría».

THEODORE RUBIN

Una lista de todos los actos de bondad de Marc Gitterle ocuparía todo un libro. Y sólo estoy hablando de su bondad hacia mí.

Marc ha ayudado a miles de personas, usualmente sin pedir a cambio dinero o agradecimiento. En torno al año 2000, me escribió después de haber leído mi libro *Spiritual Marketing* (al que posteriormente le cambié el título a *The Attractor Factor*). Marc me contó que solía sentarse junto a un río en el bosque con el libro en la mano y que lo consideraba lectura devocional. Cuando se enteró de que yo vivía en la misma ciudad que él, me contactó.

Eso fue hace más de veinte años. Durante las últimas dos décadas, se ha convertido en mi médico, mi consejero espiritual, la persona que me escucha, mi socio en el negocio de los productos de salud alternativa, mi confidente, mi aliado y un amigo muy querido.

No sé por dónde empezar para agradecerle.

Marc es médico, pero es mucho más que eso. Es experto en medicina y terapias alternativas. Él fue quien me inició en la acupuntura. Además, es una persona profundamente espiritual. Me convenció de que contratara a *pandits* indios para que realizaran *yagnas* para mí. Cuando tuve que ir a la sala de Urgencias en Las Vegas, porque creía que estaba teniendo un infarto, llamé a Marc. Resultó ser asma y pánico, pero cuando regresé a casa recurrí a él. Estuvo ahí para apoyarme, en ese momento y siempre.

Cuando mi primera esposa estaba tomando decenas de medicamentos, Marc revisó la lista y me dijo: «Es una persona que no quiere sentir nada».

Cuando pensaba que mi estómago iba a explotar, llamé a Marc y él me recomendó calmadamente que fuera a Urgencias. Ahí me salvaron de un apéndice que estaba a punto de reventar. El médico de turno dijo que, de no haber ido a Urgencias, podría haber muerto. Cuando yacía en la cama del hospital, Marc entró silenciosamente y se sentó a mi lado, consolándome.

Cada vez que tenía un problema de salud, llamaba a Marc. Él solía venir directamente a mi casa, haciendo una visita domiciliaria, algo que prácticamente nadie hace hoy en día. Me ayudó a ahorrar miles de dólares en cuentas médicas con sus recomendaciones, tanto en persona como por teléfono.

Cuando se me ocurrían ideas de *fitness* y productos de salud, acudía a Marc. Él se convirtió en la autoridad médica de Fit-A-Rita, esa margarina saludable que inventé. El producto nunca llegó a ninguna parte, a pesar de que la cadena de tiendas Whole Foods me hizo una oferta por miles de paquetes, pero Marc siempre creyó en mí y en mis ideas, al punto de poner su nombre en la etiqueta.

Tener a Marc en mi vida me reconforta de una forma difícil de describir. Sé que, si enfermo, él estará ahí para ayudarme. Si necesito a un amigo, él está ahí. Si tengo una idea para un producto, él está ahí. Cuando escuché todos los consejos que Marc tenía para el *anti-aging*, le insté a que escribiera un libro sobre el tema y escribió *Growing Young*, un libro que hasta el día de hoy me encanta.

Cuando mi pareja o yo enfermábamos, llamaba a Marc y él estaba ahí para ayudarnos. Siempre me ha maravillado el hecho de que, de alguna manera, encuentra el tiempo para responder a mis mensajes de texto y los de otras personas, mientras está ocupado sacando adelante una familia, dirigiendo un servicio de urgencias, atendiendo llamadas de amigos y muchas cosas más. Nunca ha ocurrido que me negara su apoyo. Eso es más que bondad. Es como una benevolencia de origen divino, que llega a través de un hombre al que conozco como Marc.

Hace unas décadas, conocí a su madre en un evento. Cuando me dijo que era la madre de Marc, me quedé mirándola fijamente. La miré durante un rato tan largo, sin decir una palabra, que se puso nerviosa y me dijo:

—¿Qué pasa?

—No sabía que Marc tuviera una madre –dije–. Di por sentado que su origen era divino, como el de Jesús.

> «La bondad es más importante que la sabiduría, y el reconocimiento de ello es el inicio de la sabiduría».
>
> THEODORE ISAAC RUBIN

Mi deseo de la infancia de ser el siguiente Houdini nunca me abandonó. Gasté una pequeña fortuna en magia: en libros, trucos, DVD y más cosas. De vez en cuando, incorporaba un truco a mis charlas, pero realmente quería hacer algo grande.

Cuando conocí a un mago que además era animador corporativo, decidimos organizar un evento juntos, el cual acabó siendo la primera Cumbre de Marketing Espiritual del mundo. Yo quería promocionarlo a lo grande, al estilo Barnum, y había alquilado la sala de un hotel histórico en el centro de Austin: el Driskill. Se decía que estaba embrujado, pero yo quería algo más.

¿Y si levitaba delante del hotel? Éste se encontraba en una calle principal muy transitada de Austin. Eso detendría el tráfico. Sin duda, llamaría la atención de la gente.

En la época en que estuve viviendo en Houston, vivía cerca de una famosa librería especializada en magia. Un día, le pregunté al dueño si conocía a alguien que pudiera ayudarme a hacer magia. Me dijo que sí, y me presentó a un hombre que, desde el día en que lo conocí, hace décadas ya, no ha dejado de mostrarme una bondad inesperada. Al principio Kent Cummins y yo nos comunicábamos por correspondencia. Él estaba confundido, porque creía que yo era el famoso comentarista deportivo, Dick Vitale. La gente también solía confundirme con el famoso percusionista, Joe Vitale (quien en años posteriores se convirtió en mi percusionista y en un amigo muy querido). Tuve que explicarle a Kent que yo era el especialista en *marketing*. Como también le interesaba ese tema, nos entendimos de maravilla desde un primer momento.

Kent y yo dedicamos mucho tiempo a investigar formas de levitar en público. Teniendo en cuenta que la persona promedio que levita es joven y delgada, probablemente yo no iba a ser capaz de elevarme del suelo, por mucha magia que aplicara, pues tenía sobrepeso. Quizás fuera mejor que hiciera que otra persona lo hiciera. Nunca llegamos a hacer la levitación, pero me sentí tan agradecido por la ayuda que Kent me brindó, que le regalé una entrada al evento. Somos amigos desde entonces. De hecho, cuando decidí aligerar la carga de mi vida y practicar un poco la generosidad inesperada, le regalé a Kent todos mis artículos de magia, toda la colección. Eran varias cajas y tuvo que alquilar un camión de mudanzas. Yo sabía que los utilizaría para el mejoramiento de todos los magos locales.

> «Un sólo acto de bondad extiende sus raíces en todas
> las direcciones, y esas raíces brotan y forman
> nuevos árboles».
>
> AMELIA EARHART

Mi primera mujer falleció en 2005. Estábamos divorciados desde 1999, pero continuamos siendo muy buenos amigos hasta el final. Todos los días hablaba con ella o le escribía. La amaba. Era divertida y graciosa, sensible y emotiva, cariñosa y siempre ofrecía su apoyo. Me apoyó cuando era un escritor desempleado y con dificultades económicas. Los dos amábamos a los animales y criamos a nuestros gatos desde que eran unos cachorros salvajes que habían nacido junto a la casa donde vivíamos. Perderla hizo que me doblara de dolor. Lloré todos los días durante un año. Joe Sugarman se enteró de mi dolor. Joe es un especialista en *marketing* legendario, y es uno de los verdaderos íconos de la redacción publicitaria y el correo directo. Era un gran pensador y un publicista extravagante. Hizo una fortuna vendiendo gafas de sol de la marca BluBlocker en infomerciales. Compró propiedades en Maui cuando tenían precios accesibles, al menos para las personas moderadamente adineradas. Cuando Joe se enteró de la muerte de mi primera esposa, nos invitó a mi nueva pareja y a mí a Hawái, a una de sus casas en primera línea de mar en Maui.

Joe era maravilloso. Yo le caía bien y me respetaba. Nos alojó en una casa que era absolutamente gloriosa. Stephen Tyler y todo el grupo Aerosmith se habían alojado en esa casa justo antes de nosotros. Joe nos presentó sanadores alternativos. En aquella época publicaba artículos en un periódico local y conocía a todo el mundo. Nos presentó a varios *influencers*, incluidos algunos políticos, agentes inmobiliarios, pequeños y grandes empresarios, etc.

Joe habló en uno de mis eventos y no me cobró nada. Fue sumamente cautivador y estuvo contando historias sobre tratar de vender tarjetas de crédito de Batman, su trabajo en teletiendas y más cosas. Todos lo amaron. Fue gracioso y sabio.

Un día, mientras conducía su automóvil por Maui, hizo una observación.

—Tienes dos de los tres atributos que se necesitan para tener un gran poder –me dijo.

—¿Qué quieres decir?

—Eres un gran orador –comenzó diciendo–. La habilidad para oratoria es una de las formas de obtener poder en el mundo.

—¿Lo soy? –le pregunté, demostrando mi falta de habilidad para la oratoria.

—Tienes el don de la palabra –dijo.

Lo escuché con atención.

—Además, eres un gran escritor –dijo–. Ser capaz de escribir es una de las maneras más poderosas de conmover a las masas. Tú tienes ese don.

—¿Y el tercero?

—Tener una gran riqueza –dijo.

—Estoy trabajando en eso –respondí.

—Tener dos de los tres es poco habitual –me explicó Joe–. Puedes conmover al mundo con tus habilidades para la escritura y la oratoria, y estás trabajando en la adquisición de una gran riqueza. Tienes las habilidades suficientes para dominar cualquier área que desees dominar.

Me dijo eso aproximadamente en 2005 y todavía lo estoy procesando. La bondad inesperada de Joe Sugarman fue inolvidable.

Desafortunadamente, mientras escribía estas palabras, me enteré de que Joe había fallecido. Estoy conmocionado y triste, pero también agradecido por el hecho de que un genio tan legendario, increíble y vivaz se haya tomado el tiempo para hacerse amigo mío, animarme e inspirarme.

«La bondad no cuesta nada».

RUSSELL BRUNSON

El actor James Caan me llamó mientras me dirigía al funeral de mi primera esposa.

Su entrenador es una persona sumamente amable que había venido a verme para que le diera consejos de *marketing*. Durante el inicio de nuestra relación, se enteró de que mi primera mujer había fallecido. Como ya dije, ella y yo habíamos continuado siendo los mejores amigos después de nuestro divorcio. Su muerte hizo que mi mundo se viniera abajo.

TR Goodman tenía muchos clientes famosos, la mayoría de los cuales eran tipos duros como Ray Liotta y James Caan. Me dijo que le diría a James que me llamara. Y lo hizo.

—¿Joe? Soy Jimmy.

A James Caan le gustaba que la gente le llamara Jimmy. No fui capaz de hacerlo.

En mi mundo, la estrella de *El Padrino* y docenas de otras películas estaba en un pedestal. A duras penas pude balbucear:

—Es un honor hablar con usted.

Jimmy no respondió a mi adulación. Probablemente le pareció una tontería. Era un tipo duro, directo. Así que se lo repetí.

—Es un honor conocerlo.

Silencio absoluto.

—¿Qué estás haciendo? –me preguntó.

—Estoy en mi coche, conduciendo hacia un funeral.

—¿Un funeral? ¿Qué diablos? ¿Quién ha muerto?

—Mi ex.

—¿Tu ex? ¿Ha muerto tu ex? –insistió–. Siento mucho tu pérdida, pero me alegro de que sea tu ex. Tengo muchísimas ex que me gustaría que estuvieran en el lugar de la tuya.

Me reí. Era el humor de James Caan. Estaba anonadado ante el hecho de que ese fascinante actor legendario me estuviera llamando.

—¿Tiene algún consejo para mí? –le pregunté.

Me imaginé que se había casado varias veces, era mayor que yo y quizás podía compartir su sabiduría conmigo.

—¿Consejo? ¿Quieres que yo te dé un consejo? –dijo, repitiendo todo lo que yo había dicho–. No soy la persona más indicada para darte consejos, Joe. Todavía no domino el tema del matrimonio.

Me reí. Estaba triste, pero todo lo que me decía me parecía gracioso.

—Se está riendo –le dijo Jimmy a alguien que estaba con él.

—Soy un gran fan –le dije.

—Cuídate –me dijo–. Ven a verme cuando estés por aquí. Hablamos en otro momento.

En el funeral, cuando me tocó el turno de hablar, le conté a todo el mundo que James Caan me había llamado.

Mi exmujer lo idolatraba, amaba sus películas y había visto *El Padrino* varias veces. Le hubiera encantado saber que Jimmy y yo habíamos hablado.

Meses más tarde volé a Los Ángeles para conocer a su entrenador y hablar de negocios. Fuimos al gimnasio en el que entrenan muchas estrellas en Santa Mónica. Ahí conocí a Ray Liotta. Y también a Jimmy.

—¿Qué diablos estás haciendo aquí? –me preguntó.

—Me dijiste que hablaríamos en otro momento –respondí–. Bueno, ahora es otro momento.

Jimmy fue muy simpático y amable.

Fuimos al *set* donde estaba actuando en la serie de televisión *Las Vegas*, en la que era protagonista. Me asombró ver que era un edificio ruinoso con suelos de madera podrida.

Subimos a un carrito de golf y él conducía. Me senté a su lado y le hice unas preguntas que me parecieron estúpidas.

—Las hamburguesas que te comiste en un episodio, ¿realmente habían sido preparadas por un chef famoso?

—Probablemente dijeron eso, pero en realidad era un trozo de carne fría, sólo un accesorio para la serie. Nuestros guionistas necesitan tu ayuda —me dijo—. Sus guiones son pésimos. Escriben con crayones.

—Les ayudaré, si puedo —dije tímidamente, porque no me di cuenta de que Jimmy simplemente estaba siendo amable. Su serie era un éxito. Los escritores eran magníficos.

—Gracias por el *tour* —le dije.

—Lo único que te pido es que cuides de TR —dijo.

James Caan estaba siendo amable conmigo, con la esperanza de que yo fuera amable con su entrenador y amigo. Fue el círculo completo de bondad inesperada.

Ambos estaban involucrados en un concurso de artes marciales mixtas que querían promocionar. TR me mostró la película promocional.

—¿Qué te pareció, Joe? —me preguntó Jimmy.

—No me pareció muy buena —dije, temiendo que me mandara matar por mi sinceridad, pero sabiendo que tenía que demostrar mi experiencia en *marketing*.

—¿Por qué? —preguntó Jimmy.

—Tu papel en la película fue estelar —le respondí—. Pero el *trailer* comienza con información y debería comenzar con emoción. Yo pondría tu papel por delante.

—Hagámoslo, entonces.

No sé si llegaron a editar la película o no, pero Jimmy me hizo sentir muy bien porque me pidió mi opinión y escuchó cuando se la di.

Me encantaba su humor directo. Cuando le pedí una foto autografiada, me dijo:

—¿Eres gay o qué?

—Soy un fan —respondí.

Su asistente le entregó una foto a Jimmy. Cuando estaba a punto de firmármela, me miró.

—¿Puedo escribir cualquier cosa? —me preguntó.

—Eres James Caan —repliqué—. Escribe lo que quieras.

Él garabateó algo en la foto y llamó a TR. «Mira lo que he escrito», dijo. TR se rió.

Miré la foto. La dedicatoria decía: «Para Joe. Eres un pesado». Además, la firmó.

Me encantó y todavía la tengo.

Cuando salí, me encontré delante de uno de los automóviles más bonitos que había visto en mi vida.

—¿Qué coche es éste? –le pregunté a TR.

—Es el coche de Jimmy.

—¿En serio? Lo quiero.

—Es un Bentley –me dijo TR–. Cuando Jimmy lo venda, le diré que te llame.

Cumplió su palabra.

Meses más tarde, James Caan y yo hablamos por teléfono sobre su Bentley.

—Me encanta –le dije.

—Pero ha sido un coche temporal, mientras fabricaban un Bentley para mí. Mi coche personalizado ya está listo y éste se lo voy a devolver al concesionario o voy a venderlo.

Me interesaba, pero iba a ser el coche más caro de mi vida.

—Ven a mi casa y te dejaré conducirlo –me dijo–. Uno de mis guionistas lo quiere, pero TR me ha dicho que tú lo pediste primero. No tengo que ganar nada con esto. Lo venderé por el mismo precio al que lo compré.

Al final, pasé. Un coche de lujo de ese precio no entraba dentro de mi imagen de mí mismo todavía. Tendrían que pasar otros diez años para que yo pudiera permitirme comprar mi propio Bentley cómodamente y disfrutarlo. Para entonces, el de Jimmy ya se había vendido y era cosa del pasado.

Mientras estaba escribiendo esto, Jimmy falleció. Me sentí destrozado. Tenía la esperanza de volverlo a ver. La pandemia me impedía salir de casa y no estaba viendo a nadie. Pero cuando me enteré de su muerte rompí a llorar, e incluso ahora lloro casi todos los días. Jimmy era considerado un tipo duro, y lo era, pero fue bueno conmigo.

Nunca olvidaré la bondad inesperada que ese actor me mostró.

> «La bondad es como la nieve:
> Embellece todo lo que cubre».
>
> Kahlil Gibran

Un correo electrónico puede cambiarte la vida.

Todavía recuerdo el correo electrónico que me conmocionó en 2005. Me dirigía a Roma con mi segunda esposa. Iba a ser el primero en mi familia en ir a Italia desde que mis abuelos emigraron a los Estados Unidos en 1915. Estaba entusiasmado y lo anuncié en mi lista de correo, que en aquella época era de unos 800 nombres, aproximadamente. Alguien de la lista me escribió con una respuesta que fue una bomba.

«Veo que va a venir a Roma. Si le gustaría conocer al papa, yo puedo organizarlo. Soy la monja que le sirve».

Al principio no me lo creí. ¿Cómo era que alguien de mi lista de correos conociera a alguien en el Vaticano? El papa en aquella época era Juan Pablo II. ¿Alguien de mi lista LO conocía?

Todavía no sabía lo conectado que está el mundo, especialmente gracias a Internet. Le respondí y le escribí algo insolente, pero de forma educada: «Claro, conoceré al papa, si es que algún día no tiene nada más que hacer».

Me olvidé del tema, hice mis maletas y abordé los vuelos al extranjero. Cuando aterrizamos, encontré la manera de revisar mi correo electrónico (esto era antes del iPhone, ¿recuerdas?) y vi que la monja me estaba invitando a visitar el Vaticano y el lugar donde se hospedan las monjas que sirven al papa. Me dijo que nos pasaría a buscar al hotel. Y lo hizo.

La hermana Mary Elizabeth era un mujer menuda y nerviosa de Nueva Jersey. Gracias a su devoción y pasión por la Iglesia había logrado ascender de rango. Estaba sirviendo al papa Juan Pablo II, llevándole lasaña los miércoles.

—Le voy a hacer llegar su libro al papa —me dijo.

Se refería a *Mercadotectnia Espiritual,* que más adelante se convirtió en mi éxito de ventas, titulado *El poder de la atracción.* Pero en ese momento, estábamos a años de distancia de *El Secreto* y de la fama.

Y, sin embargo, la gente estaba percibiendo mi éxito en Internet.

—Tenerlo aquí es como recibir una visita de Mickey Mantle –dijo.

No todo el mundo recuerda a ese legendario jugador de beisbol. Yo sí lo recordaba y sabía que ése era un elogio. Para la hermana, yo era una celebridad.

—Utilizamos sus métodos de escritura hipnótica para recaudar fondos –me dijo. *Escritura hipnótica* fue mi primer libro electrónico. No tenía ni idea de que la Iglesia católica lo conociera–: Usamos los métodos que aparecen en su libro y reescribimos las cartas de recaudación de fondos –me explicó–. Como resultado de ello, recaudamos muchísimo más dinero. La escritura hipnótica realmente funciona.

—¿Qué fue lo que hicieron de manera diferente? –pregunté.

—Pequeñas cosas, como contar una historia –me explicó–, y añadir una P. D. Sus ideas realmente nos ayudaron.

La hermana nos hizo un *tour* por Roma, nos llevó a la Ciudad del Vaticano y al lugar donde se alojan las monjas que sirven a los sacerdotes de alto rango del Vaticano.

Nos sentó y nos dio una comida de nueve platos. Eran porciones pequeñas, similares a las de las tapas que descubriría décadas más tarde en España. Preparaban vino y *limoncello* ahí mismo, en el hogar de las monjas. Nos regalaron botellas de ambos.

Aunque me sentí decepcionado porque ningún pariente se presentó para recibirnos cuando llegamos, no he olvidado jamás la bondad inesperada de la hermana Mary Elizabeth y las monjas del Vaticano.

Nunca llegué a conocer al papa en persona, pero tuve una audiencia privada con él. Privada si cuentas las doscientas personas que estaban en el mismo espacio. Fue en una zona al aire libre en el Vaticano. El papa nos habló a todos en diferentes idiomas. Todavía recuerdo mi asombro al oírlo hablar en inglés. Hablaba mejor que yo.

Más adelante, me enteré de que el papa Juan Pablo II recibió un ejemplar de mi libro *Mercadotecnia Espiritual*. Un miércoles, una de las monjas lo colocó debajo de la bandeja de lasaña y le entregó ambas cosas. Nunca supe si llegó a leer el libro o si le gustó, pero es un pensamiento agradable imaginar al papa hojeándolo y sonriendo mientras come su lasaña.

«La bondad en las palabras crea confianza.
La bondad en el pensamiento crea profundidad.
La bondad en el dar crea amor».

LAO TSÉ

Cuando nos encontrábamos en Italia, visitando Florencia, el guía turístico nos llevó a una tienda de productos de cuero, donde vi unos chaquetones y accesorios sumamente bellos, suaves y lujosos. Nunca había visto ese nivel de trabajo artesanal. Estaba impresionado con la calidad. No es de extrañar que los productos italianos de piel sean tan populares en el mundo entero.

Tomé una camisa de cuero del perchero. Era sumamente suave, delicada, ligera y muy cómoda. Era de ante, de color marrón claro. La sensación sobre mi piel era gloriosa. Quise pavonearme y presumir. Se la mostré a mi mujer.

—No me gusta –dijo.

Mi ánimo se vino abajo. Me dolió. Me encantaba la sensación de la camisa sobre mi piel.

—No te queda bien –añadió.

Me sentía bien cuando la tenía puesta. Me parecía que se veía bien. Pero mi mujer me iba a mirar con disgusto cada vez que me la pusiera, así que nunca me la podría poner.

Por desgracia, volví a colgar la camisa en su sitio. Pero nunca la olvidé.

La recordé en nuestro viaje de regreso desde Italia.

La recordaba cada vez que miraba el interior de mi armario.

La recordaba cada vez que estaba acostado en mi cama y no podía dormir.

Pasaron los años y un día asistí a un seminario sobre *marketing* en Las Vegas. Mi editor estaba ahí. Ahí conocí a Jack Canfield. Y hablé ante un grupo de personas sobre ventas y *marketing*.

Después de la charla, dos hombres se me acercaron. Era evidente que eran italianos.

—¿De dónde sois? –les pregunté.

—De Florencia –respondieron.

¡Florencia!

Súbitamente, me vinieron a la mente imágenes de la camisa de cuero que había dejado atrás. Les conté mi experiencia a esos caballeros y les dije cuánto lamentaba haber dejado esa camisa.

—¿Recuerdas en qué tienda la viste o de qué marca era?

Lo recordaba. Había guardado la tarjeta de la tienda.

—Envíanos la información –me dijo uno de los italianos.

Eso fue lo que hice, más tarde.

Pasaron unas semanas y, de repente, recibí una llamada de mi asistenta personal.

—Hay dos hombres al teléfono que dicen que están en Florencia, Italia, y que necesitan saber tu talla.

Me quedé perplejo. Sabía que se trataba de los señores que había conocido en Las Vegas. Habían regresado a su país, habían ido a la tienda y estaban buscando la chaqueta que no me había comprado, o una similar.

—Me dijeron que fuera a tu armario y viera cuál era tu talla –dijo mi asistenta riendo.

Fue gracioso, teniendo en cuenta que ella trabajaba en su oficina y yo en la mía, y casi nunca nos visitábamos o veíamos.

Resumiendo: los dos caballeros regresaron a su hogar en Florencia, fueron a la tienda de la que les había hablado, me compraron la chaqueta de cuero que yo había dejado y me la enviaron. No sólo eso, sino que enviaron dos chaquetas, por si una de ellas no era de mi talla o del color que yo quería.

La chaqueta me quedó perfectamente. Era exactamente la que había visto en la tienda. Me la enviaron como un regalo. Fue un acto de bondad inesperada, y todavía uso la chaqueta.

> «La bondad es el lenguaje que los sordos pueden
> oír y los ciegos pueden ver».
>
> Mark Twain

¿Qué dirías si te diera la opción de elegir entre tres regalos?

Estaba caminando por la feria comercial en una convención *new age* con Lori Anderson. Ella era una *fan* que se convirtió en una amiga. A lo largo de los años, nos hemos apoyado el uno al otro y hemos sido confidentes. Lori acababa de escuchar mi charla y me estaba haciendo una pregunta difícil.

—¿Qué?

—Sé que quieres un tambor hecho a mano, y la pintura que vimos, y el soporte de piedras preciosas –me explicó–. Me gustaría comprarte una de esas tres cosas. ¿Cuál es la que más quieres?

Me quedé mirándola fijamente.

Sentí que empezaba a sudar.

Sabía que Lori estaba en proceso de divorcio y que sus fondos se estaban reduciendo. También sabía que le acababa de hablar a mi público del poder de dar, y Lori estaba ahí. Estaba practicando el dar. Pero ¿podría practicar el recibir?

Fue en ese momento cuando realmente sentí la dificultad de aceptar regalos. Todas las creencias limitadoras sobre el merecimiento pasaron por mi mente. Tuve que recordarme que no aceptar un regalo era interrumpir el fluir de la prosperidad. El dinero tiene que circular. Además, sabía que privar a Lori de lo que quería hacer desde la bondad de su corazón también le haría daño.

—El tambor –respondí finalmente.

—Vamos a buscarlo –dijo.

Cuando llegamos al puesto del nativo americano artesano de la madera, vimos a un hombre que necesitaba desesperadamente vender. Su tambor era increíblemente bonito, tallado a mano con madera pulida y auténtica piel de venado. Era una obra de arte, pero no había nadie comprándole nada.

—Me gustaría comprarle ese tambor a Joe –dijo Lori.

El muchacho del chaleco hecho a mano y la sonrisa amable sonrió y nos lo mostró. En la etiqueta ponía el precio.

Mil dólares.

—¿Estás segura? –le pregunté a Lori.

—¡Sí, totalmente! –me respondió, radiante.

Todavía tengo el tambor, casi quince años después de que Lori me lo comprase.

Lo que no sabíamos ni Lori ni yo en ese momento es que el artesano que lo hizo estaba en la ruina. No podía pagar ninguno de sus recibos. Ni siquiera tenía dinero para pagar la gasolina para regresar a su casa. Los mil dólares le salvaron el día y probablemente la vida, al menos así fue como él lo vio.

Recibí el tambor.

El artesano recibió el dinero.

Y Lori sintió la alegría de dar.

Pero su bondad inesperada no acabó ahí. Hizo que todos los involucrados en la transacción saliéramos ganando. El artesano se convirtió en amigo y cliente mío. Más adelante, invertí en su nueva e incipiente empresa y lo contraté para que me hiciera varios chalecos de cuero. Lori se convirtió en una de mis amigas más cercanas y duraderas. La ayudé a escribir el libro *Divorce with Grace*. Nos reunimos casi todos los meses durante varios años para hacer lluvias de ideas y apoyarnos mutuamente. Cuando ella pasó por un divorcio largo y desagradable, yo estuve ahí para apoyarla. Cuando yo pasé por mi propio divorcio, Lori estuvo ahí para apoyarme.

Aunque la pandemia nos impidió tener nuestras reuniones habituales, todavía nos mantenemos en contacto. Además, Lori se hizo amiga de mi amor, Lisa Winston.

Todo a raíz de la bondad inesperada de regalarme un tambor.

«La bondad engendra bondad».

SÓFOCLES

En 2005 todavía respondía a las llamadas personalmente, así que no era algo inusual que una extraña me llamara desde Australia para ponerse en contacto conmigo. Pero lo que fue inusual fue lo que me pidió.

Resultó ser una productora de televisión en Melbourne. Amo esa ciudad y se lo hice saber. Charlamos un poco sobre Australia antes de que ella me dijera cuál era el motivo de su llamada.

—Voy a hacer una película sobre la Ley de Atracción –empezó diciendo–. Y quiero que estés en ella.

—Nunca he participado en una película. Y, ¿por qué yo?

—He leído tu libro *El poder de la atracción* –dijo–. Y me encantó. Serías perfecto para la película.

No supe qué pensar y no la creí. Hasta ese momento, había oído a decenas de personas decir que iban a escribir un libro o a abrir un negocio, y luego simplemente desaparecían. No hacían nada. Di por sentado que esta mujer estaba hablando por hablar.

—Puedo enviarte el *trailer* que he hecho para promocionar la película –dijo–. No se lo enseñes a nadie, pero te dará una idea de lo que quiero hacer.

Le dije que lo miraría. Ella me envió el avance de la película por correo electrónico. Lo vi y me quedé impactado. Tenía sólo uno o dos minutos de duración, pero era tan dramático, vibrante, teatral y épico que sentí como si me hubiera caído un rayo. El *trailer* era una obra maestra.

Le escribí inmediatamente.

«Quiero participar –le dije– si tu película se parece al *trailer*, será inolvidablemente maravilloso».

Lo que no sabía en ese momento es que ella ya había filmado a unas sesenta personas para la película. Fue a una de las reuniones del Transformational Leadership Council en Denver y había filmado a todos los participantes. Eran todos líderes de pensamiento, oradores, escritores, asesores y autoridades.

Yo no era miembro de ese grupo (en ese entonces, ahora sí lo soy) y no había asistido a esa reunión. Eso significaba que Rhonda había hecho un gran esfuerzo para contactarme. Esa fue una bondad inesperada que cambiaría el curso de mi vida.

Rhonda me pagó el billete de avión a Chicago, me filmó durante dos horas y me envió de vuelta a casa en Texas.

Me dijo:

—La cámara te ama, Joe.

Pensé que les diría lo mismo a todos los participantes invitados. De los veinticuatro maestros que aparecen en la película, yo soy una de las cinco personas en las que la gente piensa más cuando habla de *El Secreto*. Eso se lo atribuyo a una bondad inesperada del universo.

Como probablemente podrás adivinar, estar en la película *El Secreto* me catapultó a un nuevo mundo de oportunidades, publicidad, medios de comunicación, contratos y atención. La película todavía puede verse en algunos países del mundo. Aunque nunca me pagó por mi participación, ni tampoco a los otros que aparecen en la película, y no recibimos ninguna compensación, nunca me he quejado. Respaldaría esa película, tanto si saliera en ella como si no. Estoy agradecido de formar parte. Es una bondad inesperada que bendice de la forma más benevolente.

«La bondad es más que un acto. Es una actitud, una expresión, una mirada, una caricia. Es cualquier cosa que eleve a la otra persona».

PLATÓN

Cuando llamé por teléfono al Dr. Hew Len en 2005, él no me conocía. Me había enterado de la increíble historia de un terapeuta que había ayudado a sanar a todo un pabellón de delincuentes con enfermedades mentales, simplemente trabajando en sí mismo. No tenía sentido. Yo quería conocer la historia. Busqué al Dr. Hew Len. Contraté a un investigador privado y lo encontré. Entonces le llamé.

Hablamos por teléfono durante cuarenta y cinco minutos. Fue un acto de bondad y generosidad, porque no me conocía. Fui sincero. Tenía curiosidad. Y la historia y la energía de ese hombre me impresionaron tanto que decidí volar a California para conocerlo.

Me cayó bien instantáneamente. Tenía una forma de ser suave, relajada y amable. Me dio la impresión de que le caí bien y estuvo hablando conmigo un rato durante los descansos en el primer seminario al que asistí con él. En aquella época, muy pocas personas lo conocían o conocían su trabajo, así que en el evento apenas había unas veinte personas en la sala. Lo que decía no siempre parecía tener sentido, pero me pareció que hablaba desde más allá de la realidad 3D. Era un maestro y yo era el alumno, ansioso por aprender.

Se produjo un giro inesperado en mi vida. El Dr. Hew Len era como un abuelo extraño; un místico con un sentido del humor retorcido y un método de sanación desconcertante. Yo quería saber más. Acabé organizando tres eventos con él, escribiendo el primer libro para llevar su método a las masas con su guía y cambiando mi vida para siempre. Me puse el nombre *Ao Akua,* el cual, según me explicó, significaba «abriendo las nubes para ver a Dios».

Él me enseñó el ho'oponopono moderno. Era y es una forma simple de transformarte diciendo cuatro frases: «Te amo, lo siento, por favor perdóname y gracias». Hay una gran profundidad en esas frases, la cual he compartido en mis libros *Cero límites, En el cero* y *La quinta frase.*

El Dr. Hew Len falleció en enero de 2022. Lo recuerdo como alguien amable, paciente y comprensivo, al menos conmigo. Vi que podía ser brusco e irritable con otras personas. No quería hablar o viajar. Quería ocuparse de su jardín. Se estaba haciendo mayor. Pero decía que el Divino lo instaba continuamente a salir al aire libre. En 2022, todo llegó a su fin.

Tengo bonitos recuerdos de él. Siempre le estaré agradecido por su bondad inesperada.

> «¿Qué sabiduría puedes encontrar que
> sea más grande que la bondad?».

Jean-Jacques Rousseau

El cometa de mi vida llegó en 2006.

Cuando se estrenó la película *El Secreto*, el mundo se empezó a fijar en mí. Fui invitado en dos ocasiones al programa de televisión de Larry King. La gente de Oprah me llamó, invitándome a su programa. Hollywood quería que yo tuviera mi propio programa de entrevistas.

Me llegaron contratos para escribir libros y me ofrecieron dar charlas. Se empezaron a hacer más películas y querían que participara en ellas. Los eventos en el extranjero florecieron y querían mi presencia en ellos. Fue un torbellino de actividad que duró los siguientes quince años y que en realidad todavía no ha parado, a pesar de la pandemia, el tiempo y los eventos mundiales.

Los viejos amigos que habían ido desapareciendo a lo largo del tiempo volvieron a salir a la superficie. Se presentaba gente con la que había trabajado. Todo el mundo era amable, pero no de una forma inesperada. Me veían como alguien que era famoso y querían estar cerca de la llama. Ciertamente, hice nuevos amigos, desarrollé nuevas asociaciones y creé nuevos cursos, libros, audios, eventos y más cosas.

Durante esos años emocionantes, hubo algunas personas que destacaron. Una de ellas fue un inventor que desarrolló una especie de máquina de boxeo con inteligencia artificial. Tenía una pantalla de ordenador en la que se podía ver a un boxeador recibiendo golpes. Tenía almohadillas con electrodos incorporados, de manera que cuando la golpeabas, lo registraba. Se llamaba Nexersys.

Me encantaba.

Hacía que recordara los sueños de mi niñez de ser un boxeador. La diferencia es que, cuando golpeaba a Nexersys, esta no me devolvía el golpe.

Terry Jones me regaló una. En aquella época yo tenía mi propio gimnasio. Estaba lleno de equipos que habían sido utilizados por Steve Reeves, el actor y famoso fisioculturista de la edad dorada. Cada vez que mi entrenador venía a verme, la utilizábamos.

Scott York fue otra alma inesperadamente bondadosa en esos años. Conducía durante más de una hora para visitarme, entrenarme y animarme.

Cuando pedí el divorcio, empecé a regalar mis colecciones. Le regalé toda mi colección de Reeve a Scott York. Él había sido muy amable conmigo. Nunca me cobró por todo ese entrenamiento. Yo quería corresponderle. Ya he mencionado que le había regalado mi colección de magia a Kent Cummins. Y le regalé cajas de libros a Chuck Pennington, mi amigo e informático durante más de diez años.

A lo largo del camino, Terry se puso en contacto conmigo.

Le dije que estaba en medio de un divorcio, que estaba viviendo en un piso y que había regalado la Nexersys. Le hablé de mis problemas y mis tensiones. Entonces, Terry hizo las gestiones para que yo recibiera otra Nexersys.

Me quedé sin palabras. Me asombró su generosidad.

Unos meses más tarde, almorcé con él. Estaba haciendo una investigación para mi libro *Karmic Marketing* y quería que él participara.

—¿Por qué me regalaste dos máquinas?

—Me siento maravillosamente bien cuando doy.

Durante nuestra conversación, le hablé de un cliente en Tailandia que tenía un gimnasio. Andres Pira era el hombre que había pasado de ser un sintecho a ser un multimillonario y decía que debía su éxito a Bob Proctor, a Jack Canfield y a mí.

—Consígueme su dirección y le enviaré una a él también –dijo.

La bondad inesperada de Terry era fuera de serie. Todavía tengo mi segunda Nexersys. Y mi amigo de Tailandia todavía tiene la suya.

«No podemos determinar el momento exacto en el que se inicia una amistad. De la misma manera en que cuando se llena un recipiente gota a gota, al final hay una gota que lo hace rebosar; así también, en una serie de actos de bondad, al final hay uno que hace que el corazón se desborde».

RAY BRADBURY

No quería viajar a Polonia. Jamás.

Lo único que recordaba de ese país eran los chistes polacos que había oído en mi infancia. Entonces, cuando recibí una invitación para dar una charla en Polonia, inflé mis tarifas para que el agente se negara y dijera «No, gracias». Pero aceptó. De modo que pedí más cosas, como una caja de puros cubanos, una botella de un *whisky* difícil de encontrar, etc. El agente aceptó todo. Maldición. Tenía que ir a Polonia.

La que era mi mujer en aquella época estaba más interesada que yo en ir. Se pasó el viaje escuchando casetes para aprender polaco. Yo dormí y vi películas. Después de un largo vuelo, aterrizamos en Polonia y conocimos a nuestro agente y guía. A partir de ese momento, la bondad inesperada fue la norma.

Andreiz se esforzó en asegurarse de que estuviéramos felices. Sabía que por aquel entonces yo tenía un BMW, de modo que alquiló un coche de esa marca. Sabía que me gustaba la buena comida, así que nos llevó a cenar a un lugar exquisito. Sabía que habíamos perdido nuestro equipaje en el tránsito, de modo que nos llevó a comprar ropa. Me regaló puros, *whisky* escocés y un *tour* por la ciudad de Varsovia. Se aseguró de que ambos fuésemos tratados como la realeza.

Me gustó tanto Andreiz y el tiempo que pasamos en Polonia, que regresamos cuatro veces. Sentí un auténtico amor por ese hombre. Era divertido, inteligente y se preocupaba constantemente por nosotros. Lamento decir que ha fallecido. Sentí la pérdida como si hubiese perdido a un hermano. Era una persona única. Practicaba la bondad inesperada como otros practican la respiración.

> «Tres cosas en la vida humana son importantes.
> La primera, ser amable;
> la segunda, ser amable,
> y la tercera, ser amable».

HENRY JAMES

Mi primer viaje a Rusia no fue nada fácil.

Crecí escuchando a la gente decir que Rusia era el enemigo. Podían bombardearnos sin previo aviso. En la escuela, hacíamos simulacros de bombardeos, colocándonos debajo de nuestros pupitres de madera para protegernos. Por esta razón, cuando fui invitado a viajar a Rusia para dar una charla, no quise ir. Mis temores de la infancia seguían vivos en mi cuerpo de adulto. Pero fui.

La gente que me contrató para que fuera a su país nunca había organizado un evento. Yo no lo sabía. Mi equipo tampoco lo sabía. No fue hasta que viajé durante catorce horas, o más, y aterricé en Moscú, que descubrí lo que esperaban de mí.

Esperaban muchísimo.

Apenas había salido del avión y me encontraba en un coche, cuando me dijeron que me estaban llevando a hacer una entrevista. En ese instante. Me quedé pasmado. Sentí una pesadez en el pecho. Me quedé sin habla y no lo podía creer. ¿No tenía tiempo de ducharme? ¿De cambiarme de ropa? ¿De descansar un rato antes de que empezaran las actividades?

No. Pero había viajado y estaba ahí, así que me mordí la lengua e hice lo que se me pidió.

El ritmo nunca bajó en ninguna parte de Moscú a San Petersburgo, pero tampoco enSiberia, ni especialmente en la cuidad de Novosibirsk. Durante todo el proceso, yo les preguntaba juguetonamente dónde estaban las guitarras rusas. Me encantaba la música y quería añadir una guitarra rusa a mi creciente colección, pero nadie me pudo decir o mostrar nada. Hasta que estuve sobre el escenario en Siberia. La gente ahí era cálida y amigable, en un país que es frío e intimidante. Pero cuando me encontré sobre el escenario, el promotor de esa parte de la campaña entró con una guitarra acústica. Era un instrumento ruso de siete cuerdas. Caminó directamente hasta el escenario y me entregó la guitarra delante de todos. Fue como un sueño. Incluso yo me quedé sin habla. Había estado pidiendo una y finalmente me la estaban entregando.

«Así es como funciona», le dije al público. «Pides y lo dejas ir, y lo que deseas llega a ti». Por supuesto que estaba simplificando excesivamente el proceso. Pedí y continué pidiendo.

Sorprendentemente, considerando lo difícil que era salir de Rusia con prisa, la guitarra llegó a Texas conmigo. Todavía la tengo. Es un recordatorio de la benevolencia de un pueblo al que solía temer.

Aunque ese país continúa siendo una amenaza, millones de personas que viven en él son como tú y yo, personas normales que desean tener una vida feliz y que, a menudo, practican la bondad inesperada.

«La bondad humana nunca ha debilitado la resistencia ni ablandado la fibra de un pueblo libre».

FRANKLIN D. ROOSEVELT

No pensaba escribir sobre Mathew Dixon. Él vio la película *El Secreto* en un estreno que yo había organizado en una iglesia de la unidad, donde había dado una charla en el año 2005. Mathew me escribió y me pidió que nos viéramos. Me imaginé que estaba siendo amable porque me conocía por la película. Así era. Pero él no sabía que yo quería aprender a tocar la guitarra. Mathew era un músico y profesor de un «nuevo flamenco». Me envió su CD. Le escribí, quedamos en vernos y lo contraté para que me enseñara a tocar la guitarra en mi casa.

Dado que era astuto y sabio, me hizo una oferta:

«Iré a tu casa y te enseñaré a tocar la guitarra durante cuarenta y cinco minutos, y tú responderás a mis preguntas sobre el *marketing* en Internet durante quince minutos. Quedaremos a mano».

Me encantaba ayudar a las personas que tenían ideas y comercio por Internet, y quería tocar la guitarra, de manera que acepté.

Mathew empezó a venir a casa semanalmente. Al principio le pagaba, aunque ése no era el acuerdo. Simplemente le entregaba un billete de cien dólares después de cada sesión. Era *marketing* kármico, o una contribución, dependiendo de cómo lo veas. Pero con el tiempo desarrollamos productos y álbumes juntos. Él asistía a mis eventos de Cero Límites, tocaba la guitarra mientras almorzábamos y conoció al Dr. Hew Len. Se convirtió en un buen amigo.

Ambos pasamos por un divorcio. Ambos pasamos por la pandemia. Ambos lidiábamos a nuestra manera con los terremotos de la vida. Durante esos años, no lo vi mucho. Pero un día Mathew hizo algo tan inesperadamente bondadoso que me hizo llorar al instante.

—Tengo algo para ti –me dijo por teléfono–. ¿Podemos vernos en la puerta de tu casa?

Cuando vi llegar su coche, abrí la puerta. Él se bajó con una caja enorme. Supuse que en su interior había un instrumento musical, pero no sabía cuál. Y noté que Mathew estaba temblando.

—No me puedo quedar –dijo tartamudeando y temblando visiblemente–. Nunca he hecho algo así. Es lo más grande que he hecho jamás.

Sentí su nerviosismo. Le aseguré que, si se tenía que marchar, no había ningún problema. Me quedaba con la caja y lo llamaría más tarde.

Dejé la caja sobre nuestra mesa de pimpón, luego destrabé todos los soportes y la abrí.

Me quedé sin aliento.

Se me llenaron los ojos de lágrimas.

Me sentí conmocionado.

Sabía lo que le había costado a Mathew darme ese regalo. Él todavía vivía apenas por encima del umbral de la pobreza. Tenía problemas económicos. Todavía luchaba contra la escasez y las limitaciones. Y, sin embargo, me había dado uno de los regalos más maravillosos de mi vida.

Era una guitarra eléctrica en forma de V, hecha a mano por uno de los fabricantes de guitarras más notables del país: Tony Nobles. Yo había visto fotos de esa guitarra. A pesar de que en aquella época estaba teniendo problemas por mi divorcio, me había ofrecido a comprársela a Nobles, pero él me respondió: «Joe Walsh la quiere». Me encogí de hombros y supuse que Joe la usaría más que yo. Pero nunca olvidé esa guitarra. Estaba hecha de una madera poco común, tallada a mano durante meses, y brillaba como una pieza de museo. Yo sabía que costaba unos cinco mil dólares, o quizás más.

Tony Nobles describió la guitarra de esta forma:

Siempre me gustó la V de Lonnie Mack con el Bigsby. Hice la V de Black Limba, lo que Gibson llama Korina. Es liviana y muy resonante. El diapasón es de viejo palo rosa brasileño y toda la incrustación de concha es de nácar. La incrustación en la parte trasera del clavijero fue inspirada por una Gibson Super 400. El ribete es de un material laminado, veteado, que imita el marfil y está hecho de celuloide. El recubrimiento del clavijero es de ébano. Hay varillas de fibra de carbono en el mástil de la guitarra, así como una barra de alma ajustable. Hice el soporte Bigsby a partir de aluminio macizo. Las pastillas son Gibson Burst Bucker Plus, los componentes electrónicos son de The Art of Tone con condensadores de tono Orange Drop. Los clavijeros son Grover Imerials. El acabado es de laca de nitrocelulosa, aplicado a mano. Básicamente, la construí como una Gibson de los años cincuenta, con la adición de fibra de carbono, que la hace aún mejor.

Mathew la compró y me la regaló.

Lo llamé.

—Mathew, estoy temblando. Abrí la caja y me saltaron las lágrimas. Conozco su valor y conozco el regalo. Sé lo difícil que fue para ti regalarme esto.

—Bueno, no se lo digas a nadie que te la he regalado. Quería dártela de forma anónima, pero ninguno de nuestros amigos comunes aceptó llevártela. Me dijeron que tenía que hacerlo yo.

Durante un breve encuentro en el que nos fumamos un puro en 2021, le pregunté a Mathew si me autorizaba a contar la historia de la guitarra que me regaló. Él aceptó, pues sintió que podía inspirar a otras personas a practicar el dar de una forma incómoda.

Fue un acto de bondad inesperada. Tengo la guitarra aquí, junto a mí. Aparece en prácticamente todos los videos que hago.

> «Los hombres se asemejan a los dioses
> cuando hacen el bien a sus semejantes».
>
> CICERÓN

Hablando de guitarras…

No pensaba incluir esta historia, pero es demasiado buena para dejarla pasar.

En 2014, en Las Vegas, recibí un megaregalo (un regalo tardío por mi sexagésimo cumpleaños), tan inesperado, tan abrumador y poco común, tan amoroso, valioso y magnífico, que todavía estoy casi sin habla. La mayor parte de lo que viene a continuación es de una publicación en mi blog, de 2014, sobre la bondad inesperada.

En ese evento participaron más de cincuenta personas (no se pagó a ninguna de ellas; todas actuaron movidas por el amor y la generosidad) y el resultado fue un regalo de tal magnitud e importancia histórica que no sé muy bien cómo describirlo.

Pero lo intentaré…

Amo a todas las personas de mi programa de *Miracle Coaching*. Los *coaches* y el personal son personas optimistas, positivas, amorosas y adorables.

Una vez al año, los principales *coaches* y vendedores se reúnen conmigo en Las Vegas para participar en una cena, una ceremonia de entrega de premios, para compartir, para conocerse y muchas cosas más. Siempre me hacen ilusión esos viajes y ponernos al día.

Durante esa cena, ya desde el principio, dieron a entender que tenían una sorpresa para mí. Imaginé que me iban a regalar un puro o un libro. No le di mucha importancia. Yo no estaba ahí para mí; estaba ahí para ellos. No tenía ni idea de que la sorpresa que me tenían reservada cambiaría mi vida para siempre.

Steve Gardner, uno de los líderes de equipo, fue el que comenzó. Me entregó una pequeña llave. Bromeé diciendo que debía ser para un pequeño automóvil.

Incorrecto.

Resultó ser que era la llave del estuche de una guitarra. Pero no de cualquier guitarra.

Lo que esas personas habían hecho fue crear la primera Guitarra Purificadora. Estaba hecha a mano y era de una madera de kauri que se calcula que tiene 50 000 años de antigüedad. Incluía piedras preciosas en el diapasón y otros elementos sanadores que hacían que fuera una guitarra sanadora realmente única. Fue elaborada con otras maderas que me encantan también, como koa, arce del amor y palo morado. Contiene añadidos únicos, como un diente de mamut que se estima que tiene 12 000 años de antigüedad. Además, tiene unos marcadores de trastes que son piedras de los chakras, y otras cosas más. Está sintonizada con la frecuencia de 424 Hz, la cual se dice que es más armoniosa para nuestro cuerpo que la frecuencia estándar, de 440 Hz. Y es una guitarra eléctrica barítono.

Sigo estando maravillado ante esta increíble guitarra personalizada, con cualidades curativas, hecha con tanta precisión y cuidado.

Nunca había visto nada igual. Y lo más importante es que la fabricaron *para mí*.

Ellos hablaron con el Monje de la Guitarra, Mathew Dixon, mi profesor de guitarra y compañero en varios discos de música instrumental, para que determinara qué tipo de guitarra sería mejor para mí. Y Mathew les habló de mi amor por las guitarras barítono.

Se pusieron manos a la obra con esa información privilegiada y con la información adicional sobre la limpieza y el ho'oponopono que les proporcionó Suzanne Burns, mi socia y mano derecha (e izquierda) en algunos negocios de aquella época.

Toda esta idea se le ocurrió a Abi White. Ella habló con su amigo, el lutier Mark Seddon, de Guitarras Oxbow en el Reino Unido, e iniciaron el proceso.

Al final, seis meses más tarde, más de cincuenta personas ofrecieron productos o servicios para ayudar a crear esta guitarra milagro, llamada la Guitarra Purificadora. Mark la llamó Morrnah, por Morrnah Simeona, quien está detrás de todo el ho'oponopono moderno (tal como se describe en mis libros *En el cero*, *Cero l*ímites y *The Fifth Phase*).

Me entregaron la guitarra en Las Vegas. Después de oír la historia de cómo fue creada, me quedé prácticamente sin habla. Cuando la sostuve en mis manos, sentí el amor. Cuando la toqué, sentí la magia. Pero la historia se pone mejor aún.

Abi, a quien se le ocurrió la idea, y Mark, el lutier que hizo la guitarra, volaron a Las Vegas desde Londres para encontrarse conmigo a la mañana siguiente. Mark respondió a todas mis preguntas sobre la guitarra y la preparó para que yo pudiera tocar para todos en nuestro encuentro privado en Las Vegas.

Fue una experiencia muy gozosa tocar una guitarra eléctrica barítono tan especial, con la inusual pero calmante frecuencia de 424 Hz y todas las particularidades esotéricas que traía consigo, mientras todos los que formaban parte de *Miracle Coaching* observaban y aplaudían.

Abi White resumió la creación de esta guitarra de la siguiente manera:

«Para mí, esta guitarra inspirada por Joe y manifestada a través de mí, del equipo de Achieve Today, de Mat Dixon, Mark Seddon y tantas otras personas a las que quiero y por las que estoy tan agradecida, es mucho más que una simple guitarra. Es una herramienta purificadora impresionante, hermosa, completamente equilibrada y sumamente poderosa que espero que ayude y apoye a Joe en el trabajo que está haciendo en el mundo para llevar sanación y purificación a través de la música, o como dice con mucha más elocuencia Mat Dixon, el Monje de la Guitarra, "Llamarla simplemente una guitarra sería una infravaloración; ¡es una obra de arte! Una pieza artística única, creada con amor por todos los involucrados"».

Y esa guitarra era para mí…

Me resulta difícil describir el amor y la gratitud que siento.

Cuando pienso que cincuenta y tantas personas sintieron tanto amor y gratitud hacia mí que quisieron crear esto para regalármelo, el sentimiento de amor es casi inconcebible.

La mañana después de haber recibido este regalo, salí del lujoso hotel The Venetian, guitarra en mano, y entré en la limusina que me estaba esperando. La gente se me quedó mirando. Probablemente se preguntaban si era una especie de estrella del rock que acababa de tocar en Las Vegas la noche anterior.

Pues bien, *sí* había tocado en Las Vegas la noche anterior. Fue en una sala pequeña, para algunas de las personas más angelicales y amorosas que he conocido en mi vida.

Eso sí que es una bondad inesperada y un recuerdo inolvidable.

«Los corazones bondadosos son los jardines,
los pensamientos bondadosos son las raíces,
las palabras bondadosas son las flores
y los actos de bondad son los frutos.
Cuida tu jardín y elimina las malas hierbas.
Llénalo de luz solar,
palabras amables y actos bondadosos».

HENRY WADSWORTH LONGFELLOS

En 2005 celebré una pequeña fiesta de autógrafos en el segundo piso de un restaurante local en un pueblo pequeño. Mencioné el evento en mi lista de correo, que incluía a personas de todas partes del mundo, pero pensé que probablemente no habría nadie que viviera cerca de ese lugar.

Me equivoqué.

Una mujer joven con muchas preguntas vino al evento. Estaba en mi lista de correo y vivía a unas pocas millas de distancia. Quería conocerme y hacerme algunas preguntas sobre el *marketing* por Internet. Era cantante. Tuvimos una charla agradable y luego se marchó. Pensé que nunca regresaría. Pero regresó unos minutos más tarde, trayendo una guitarra.

—¿Qué tal? –le pregunté.

—Quiero tocar una canción para ti –respondió.

En aquel momento no lo sabía, pero después me enteré de que estaba aterrada. Al subir las escaleras sintió como si sus piernas estuvieran hechas de hormigón. Fue un momento importante para ella, y para mí también.

—¿Podéis prestar atención un momento? –le dije al grupo.

Todos siguieron hablando.

Me dirigí a uno de los tipos grandes y fornidos con voz de barítono que estaba ahí y le pedí que silenciara al grupo.

—¡SILENCIO! –bramó.

Toda la sala se quedó en silencio.

—Sarah quiere cantar una canción.

La chica nos dejó a todos pasmados al cantar un aria de ópera.

Todos estaban maravillados.

Yo esperaba que cantara una canción folk de John Denver, no una canción italiana, que me puso la piel de gallina.

Nos hicimos amigos. Hablábamos de música, de la vida, de nuestras metas y nuestros sueños. Ella hizo un disco de música inspirada en el ho'oponopono y yo puse dinero para ayudarla a producirlo. Cuando grabé mi primer álbum, titulado *Blue Healer*, Sarah apareció en él.

Años más tarde, Sarah McSweeney fue mi mentora musical cuando me preparaba para tocar en un escenario con mi grupo Band of Legends. Estaba aterrado y se lo dije a Sarah. Ella me apoyó, me animó y estuvo en el público del *show*. La gente me aplaudió de pie. Sarah también se puso de pie. Y cuando toqué solo, sin mi banda, en el evento *Own the Stage* que organizó mi amor, Lisa, Sarah también estuvo ahí. Me puse a hablar sobre el escenario, retrasando el momento de coger la guitarra y cantar, pero el momento llegó. Sarah tenía que marcharse, tal como me lo había avisado, pero se quedó para ver mi momento sobre el escenario. Pero su bondad inesperada no se redujo a darme ánimos en el ámbito musical.

Era uno de mis cumpleaños. Siempre me quejaba de que mi cumpleaños era cuatro días después de Navidad, y la gente se olvidaba de él, y Sarah hizo algo al respecto.

—Tengo una sorpresa para ti –me dijo.

Me recogió en su coche y empezamos a circular por calles secundarias en las afueras de Wimberley, Texas. Yo había vivido en esa zona durante casi veinte años, pero no tenía ni idea de a dónde me estaba llevando Sarah.

—¿Hay algún motel por aquí? –le pregunté, flirteando–. ¿Una cabaña secreta?

Ella simplemente sonrió.

Después de lo que me pareció un tiempo especialmente prolongado sin llegar a ninguna parte, Sarah detuvo el coche delante de una casa de rancho oculta en medio del bosque. Ella tuvo que introducir un código para abrir el portón. Al entrar, tuvimos que conducir un trecho más.

¿A dónde me estaba llevando?

Resultó ser la casa de un hombre que fabricaba guitarras. Sarah conocía mi amor por ese instrumento. Además, sabía que yo no conocía a ese lutier.

El tipo simpático que salió a recibirnos me mostró su taller. Llevaba poco tiempo haciendo guitarras, pero tenían una acústica impresionante. Sarah le había comprado una y le encantaba.

—¿Cómo aprendiste a fabricar guitarras?

—Leyendo libros –respondió.

Me cayó bien desde ese momento. Los libros son mi pasión, mi propósito, mis amigos y consejeros. Saber que otra alma había aprendido su oficio de los libros me hacía feliz.

En otro cumpleaños, Sarah me presentó una canción que había escrito para mí. Me la cantó en privado, la grabó, me entregó la grabación y se aseguró de que tuviera un cumpleaños inolvidable.

La bondad inesperada de Sarah se convirtió en unos recuerdos sumamente valiosos para mí.

«Las palabras amables no cuestan mucho.
Y, sin embargo, logran mucho».

BLAISE PASCAL

Cuando un fabricante de guitarras de Canadá dijo que quería regalarle a alguien una de sus guitarras, fui a ver a Sarah.

Dimitry era de Rusia, pero se había mudado a Canadá. Aunque había sido ingeniero, empezó a fabricar guitarras. Eran únicas y memorables. Yo ya le había comprado tres, pero había una guitarra que había fabricado que no quería vender.

—Quiero que la tenga algún chico o chica que quiera tocar la guitarra —me explicó—. Pero no sé cómo llegar a los chicos, y probablemente tú sí.

Yo tampoco sabía cómo hacerlo, pero Sarah sí. La mayor parte de sus alumnos eran adolescentes, así que le pregunté si conocía a alguno que quisiera una guitarra nueva valorada en más de cinco mil dólares.

Sarah conocía a alguien.

Lo organizamos para que Sarah y el chico vinieran a mi casa. Su nombre era Loki. Le entregamos la guitarra acústica. Loki ya era un chico tímido y se sentía incómodo, pero el hecho de recibir ese regalo hizo que se quedara sin habla. Le dimos la guitarra y nos olvidamos del tema.

Pasaron tres años, y un día Sarah me envió un video de un adolescente tocando la guitarra eléctrica sobre un escenario, con el pelo alborotado y el público amando su pasión. Sí, era el adolescente al que le habíamos regalado la guitarra. Por lo visto, se lo tomó en serio. Aprendió a tocar, aprendió a actuar y era puro fuego sobre el escenario.

«Se lo debo todo a usted», me dijo en un correo electrónico.

En realidad, se lo debía todo a la bondad inesperada de Dimitry y a la bondad de Sarah, que permitió que nos conociéramos. Uno nunca sabe qué maravillas pueden llegar de la bondad inesperada. Los milagros nos esperan.

> «Puedes pagar el préstamo de oro,
> pero estarás eternamente en deuda
> con las personas bondadosas».
>
> PROVERBIO MALASIO

Melissa Etheridge es una diosa del *rock and roll*. Soy fan de ella desde hace décadas. El hecho de que tuviera una clase privada de composición de canciones con ella, en su casa, los dos solos, improvisando, y yo incluso cantando con ella (suspiro), fue milagroso. Pero no pensaba mencionarlo como un acto de bondad inesperada, ya que pagué por estar allí, de modo que ella estaba cumpliendo con una transacción. Pero cuando la volví a ver, me dijo algo que no tenía por qué haberme dicho.

Después de mi sesión privada con ella, volé de vuelta a casa en Texas y fui a trabajar. Me sentía inspirado. Escribí unas canciones nuevas. Después de tener una conversación con Melissa, le puse a mi nuevo disco el título de *The Great Something*, en lugar de *Miracle*, que era como lo iba a llamar originalmente. Además, escribí una canción sólo para ella. Estaba orgulloso de ese álbum. Reuní a mi grupo Band of Legends y grabamos el disco. Cuando estuvo terminado, le envié unos CD a Melissa, pero nunca me respondió.

Más adelante, cuando Melissa estaba actuando en San Antonio, compré dos entradas, con asientos en primera fila, por supuesto. Pero también busqué la forma de volver a conectar con esa leyenda del rock. Sabía que su bajista era la mejor amiga de mi percusionista, así que le pedí que la contactara y viera si había alguna forma en que yo pudiera ponerme en contacto con Melissa antes o después de su concierto.

Sí, la había.

Me encontré con ella después del concierto. La esperé de pie junto al autobús de la gira mientras ella terminaba de saludar a sus fans, mareándome por el olor de los gases del tubo de escape. Cuando me vio, esbozó una amplia sonrisa. Ella sabía que yo estaba ahí. Me había visto durante el concierto y me había lanzado un beso volado desde el escenario. Y cuando su banda y ella se estaban retirando después de la última canción, se giró y dijo (delante de miles de personas): «Te quiero, Joe».

Esperé junto al autobús. Ella me vio, caminó hacia mí y me abrazó largo y tendido. Después de presentarle a la que era mi esposa en ese momento y a dos de nuestros amigos, le hice la pregunta que no me dejaba dormir:

—¿Recibiste mi nuevo disco?

—¡Sí, lo recibí! ¡Gracias!

—¿Qué te pareció?

Contuve la respiración.

Ese era el momento de no retorno. Si no le había gustado, me sentiría hundido. Si le había gustado, podía recordar sus palabras amables eternamente. Mark Twain dijo que podríamos vivir dos semanas de un buen elogio. Uno de Melissa me duraría hasta el día de mi muerte.

Ella se giró lentamente y miró al puñado de personas que la rodeaban. Luego, más adelante, supuse que estaba comprobando que nadie la estuviera filmando. Nadie lo estaba haciendo. Se volvió hacia mí y dijo unas palabras que hicieron que me temblaran las rodillas.

—Me encantó –dijo–. Es magnífico.

Me la quedé mirando y luego incliné la cabeza. No podía continuar mirándola a los ojos. Siendo un fan, oír esas palabras tan grandiosas, fue casi demasiado. Sentí que me iba a desmayar.

—Sigue tocando, cantando y escribiendo –me dijo–. Irás mejorando cada vez más.

Sólo sé lo que dijo porque mis amigos oyeron sus palabras y me las repitieron después de ese momento. Yo estaba a punto de desmayarme.

—La próxima vez, búscame –dijo Melissa–. Reunámonos.

El acto de bondad inesperada de Melissa Etheridge todavía me acompaña. Le dediqué mi disco. Hasta el momento, es el último disco que he grabado, principalmente debido al hecho de que mi vida se puso patas arriba a causa de mi divorcio, el fallecimiento de algunos miembros de mi familia, una nueva relación y una pandemia. Pero la semilla ha sido plantada. Y un día nacerá nueva música.

Todo gracias a Melissa Etheridge.

> «El más pequeño acto de bondad vale más
> que la mejor de las intenciones».
>
> Kahlil Gibran

Me avergüenza admitir lo aterrado que estaba, pero no quería presentarme en un escenario, como cantante y compositor, al frente de mi propia banda, a pesar de que había aceptado hacerlo.

Tenía pesadillas sobre esa actuación.

Tenía temblores diurnos a causa de ello.

Quería retractarme de lo acordado.

Aunque en ese momento tenía sesenta y cinco años (y mientras escribo esto estoy en mi decimoséptimo año) y había estado en escenarios del mundo como orador, estar sobre un escenario como cantante era algo completamente distinto.

El actor Kevin Bacon también es músico y me dijo que actuar era fácil en comparación con tocar sobre un escenario. Reconoció que le daba terror.

Entonces, ¿por qué acepté hacerlo?

Meghan.

Meghan Cathlin Sandau me oyó hablar en un almuerzo en el que di una charla como un favor para un amigo. No me pagaron y no vendí libros. Hablé gratuitamente y me dieron una hamburguesa. Vaya trato, ¿no?

Pero uno nunca sabe quién va a estar en el público. Había sólo dieciséis personas, pero una de ellas me cambió la vida para siempre.

—Yo solía promocionar grandes conciertos –me contó Meghan–. Si alguna vez quieres ayuda con tu música, cuenta conmigo.

Es fácil decir cosas sin pensar en el momento, cuando no hay ninguna realidad que te haga tomar conciencia de lo que estás diciendo.

—Siempre he querido hacer un concierto con mi banda –dije–. Todos son profesionales. Me han ayudado a grabar seis discos como cantautor. Me están insistiendo en que debería hacer un concierto con ellos.

—¿Quieres un evento grande o pequeño? –¿Un evento grande?–. Puedo hacer que te presentes como telonero de Madonna. –Interiormente, me quedé sin aire. *¿Madonna?* –. O de Huey Lewis and the News. –Me quedé con la boca abierta–. ¿Cuán grande quieres que sea? –me preguntó.

«¿No podría empezar en el porche delantero de una casa?», pensé.

—Podemos organizar algo en una discoteca o en un escenario al aire libre o donde tú quieras –dijo–. Algo grande o pequeño.

«Pequeño», pensé para mis adentros.

Exactamente.

Meghan y yo nos mantuvimos en contacto por correo electrónico, por texto, y con uno o dos encuentros para tomar café. Su marido en aquella época era accionista de una pequeña discoteca en el centro de Austin. Tenían un escenario y hacían conciertos informales. Meghan se ofreció a mostrármelo. Acepté.

Reuní a mis musas. Sarah McSweeney, Lori Anderson, Meghan y yo fuimos a ver The Townsend. Nos encantó el lugar, cómo se veía y sentía. En el área para conciertos cabían unas cincuenta personas, como máximo. Me pareció que sería ideal para mi primera presentación.

Caminé por la pequeña sala. Me coloqué en el centro del escenario e imaginé que me estaban ovacionando. Estaba programando mi mente para el éxito. Hice que mis amigas me tomaran fotos. Me tomé fotos con cada una de ellas. Cuanto más tiempo estuve en esa sala, más cómodo me sentí.

—Hagámoslo –les dije a las damas.

Pusimos una fecha para dentro de tres meses.

Mi intención había sido declarada.

Regresé a casa y empecé a sentir que mis miedos subían, arrastrándose por mi espalda y cómo se comían mi cerebro.

Mi banda estaba preparada. Ellos no estaban nerviosos. Para ellos tocar frente al público es como respirar. Por algo los llamo Band of Legends.[2] Pero en lo que a mí respecta, quería salir corriendo.

Sarah se reunió conmigo unas cuantas veces para calmar mis nervios y para asesorarme sobre la actuación.

—Si hubiera una forma de salir de esto, lo haría —le dije—. Pero enseño a la gente a enfrentarse a sus miedos, así que tengo que enfrentarme al mío.

Sentía que mis miedos me estaban ganando.

Almorcé con Jen Sincero, autora de *You Are a Badass*. Me encantó su libro, lo promocioné, y sabía que ella había formado parte de un grupo musical. Se quedó mirándome fijamente. Creo que no me creyó, pero mis terrores eran reales.

Practiqué todos los días. Elegí un puñado de canciones que quería interpretar.

Meghan estuvo ahí, apoyándome, en todo momento. Escuchó mis miedos. Me prestó atención. Me instó a que procesara mis sentimientos y mis miedos.

En un momento dado, creé una personalidad alternativa que podía fingir que era yo. Me encantaba crear un personaje y una historia en torno a Antonio Bembe. El simple hecho de pensar en él hacía que me sintiera más fuerte. Compartí esos escritos con Meghan. Le encantaron. Me llamaba Antonio en nuestros correos electrónicos.

Meghan incluso envió comunicados de prensa a los medios promocionando el evento de 2017. Uno de ellos ponía:

Tal como se ve en la revista Rolling Stone, el Dr. Joe hace un «rock de autoayuda» con melodías originales llenas de sabiduría y pasión. Ha sido comparado con Leonard Cohen y Tom Petty, pero él sigue siendo una bola de fuego única. Su nuevo álbum, The Great Something *está dedicado al icono del rock con quien el Dr. Joe estudió composición de canciones, Me-*

---

2. «Banda de Leyendas» en español. *(N. de la T.)*

lissa Etheridge. Su Band of Legends incluye al percusionista Joe Vitale, al bajista Glenn Fukunaga y el guitarrista Daniel Barrett.

Mi terror seguía estando ahí.

Desesperado, me apunté a una clase magistral *online* sobre actuación que impartía Usher. No tenía ni idea de quién era él. Sólo sabía que era sobre cómo hacer un concierto en vivo. Resultó ser un curso magnífico que profundizaba en el tema. Usher abarcó prácticamente todo lo que tuviera que ver con actuar frente al público. Pero dijo algo que realmente me ayudó:

«Ensayarás y harás todo lo que sea necesario para que tu presentación sea magnífica», creo que dijo. «Pero en la noche del concierto, algo irá mal».

Luego explicó que saber que algo va a ir mal hace que te resulte más fácil manejarlo cuando ocurra, si es que ocurre. Años más tarde, me enteré de que esa es una técnica del antiguo estoicismo: practica el desafío inevitable.

La noche llegó y mi banda y yo hicimos un concierto. Meghan estuvo ahí. Ella había creado pequeñas cosas que tuvieron un gran impacto. Puso foto en la que salgo abrazando a Melissa Etheridge y la puso en el escenario, mirando hacia mí. Sólo yo podía verla. Fue algo empoderador.

Y, efectivamente, algo fue mal. Un rayo produjo un apagón. Algunos amigos no llegaron; se quedaron atascados en el tráfico. Yo no había memorizado mis canciones y tuve que utilizar atriles.

El concierto fue fácil, teniendo en cuenta todo eso, y mi banda y yo recibimos una ovación de pie. Pero de no haber sido por la bondad inesperada de Meghan, mis sueños musicales hubiesen continuado siendo sólo sueños.

> «Con la bondad puedes lograr
> lo que no puedes lograr con la fuerza».
>
> PUBLILIO SIRO

Cuando aterricé en Bangkok, me sentía cansado, frustrado y aprensivo. No quería ir allí. Los vuelos largos y los aviones llenos de gente en la segunda etapa del viaje me dejaron agotado. No conocía al señor que había pagado para llevarme a esa ciudad. No me encantaba hablar en público, y mucho menos hacer viajes internacionales de larga distancia. Pero ahí estaba, en Bangkok.

Una vez que hube pasado la aduana y llegado al área de recepción de visitantes, se acercó a recibirme un joven con un traje de GQ y una sonrisa respetuosa. Era Andres Pira.

«Dr. Joe, bienvenido a Tailandia». Ese muchacho que me abrazó y me dio las gracias por el viaje, me cayó bien instantáneamente. Tomó mis maletas y me guio hasta la furgoneta. Ahí, me contó una historia que nunca olvidaré.

—Hace quince años estuve sin hogar aquí –me explicó. Ahora tenía treinta y cinco, de modo que en aquella época tendría unos veinte años–. Mi abuelo murió y me dejó un poco de dinero. Me lo gasté marchándome de Suecia y yendo al primer lugar con clima cálido al que podía ir.

Nacido y criado en Suecia, odiaba el frío y los largos períodos de oscuridad. Demostró ese disgusto con desobediencia, incluso formando parte de pandillas callejeras. En cuanto pudo marcharse, salió corriendo. Pero Tailandia no era un lugar fácil para vivir. Andres no hablaba tailandés y no conocía sus costumbres. Y el dinero que tenía era limitado. Al poco tiempo, estaba durmiendo en las playas de Phuket, sin un hogar.

—Llamé a un amigo de Suecia, pero no quiso ayudarme –dijo Andres–. Me envió un libro. Me sentí decepcionado. Me estaba muriendo de hambre. No quería un libro. Quería dinero.

El libro era *El secreto*. Andres empezó a leerlo y a burlarse de lo que leía.

«Voy a demostrar que este libro está equivocado», declaró. «Demostraré que esta palabrería no funciona».

Pensó que probaría con algo pequeño, de modo que deseó una taza de café. Alguien se la trajo.

—Pensé que era una casualidad, así que lo probé con el almuerzo. Y alguien me trajo el almuerzo.

Andres continuó aumentando sus objetivos hasta que, quince años más tarde, estaba sentado junto a mí en su furgoneta y era multimillonario.

Me quedé impresionado. Treinta y cinco años y multimillonario. Y todo por aplicar lo que había aprendido en *El secreto*.

—No sólo en *El secreto* –explicó–. Leí tus libros. Y los de Jack Canfield y Bob Proctor. Leí las obras antiguas de Napoleon Hill, Charles Haanel y Wallace Wattles. Seguí estudiando y aplicándolo.

Actualmente, Andres es propietario de uno de los imperios inmobiliarios más grandes de Tailandia. Además, tiene otros veinte negocios, desde cafeterías y gasolineras hasta un gimnasio.

—Te lo debo todo a ti –dijo.

—Te lo debes a ti mismo –le corregí–. Yo escribí el material, pero tú lo aplicaste.

Me había traído a Tailandia para que participara en su primer evento sobre el éxito. Andres no tenía planeado hablar sobre el escenario, pero después de oír su historia, le dije que tenía que hacerlo. Tuve que convencerlo para que aceptara, pero lo hizo y habló frente al público. Su historia inspiró a todos los presentes.

Pero Andres tenía otro regalo para mí. Organizó para que pasara una semana en un resort en Phuket. El lugar estaba sobre el agua, era silencioso y sereno, y podía alojar hasta doce personas. Pero yo era el único ahí. Andres había alquilado el resort como regalo.

Una noche, me senté al lado de la barandilla sobre el agua, fumando un puro y bebiendo un *whisky*. Tenía la profunda sensación de que ese era un regalo del universo, a través de Andres, para darme las gracias por todas las personas a las que yo había ayudado. Recuerdo haber sentido estas palabras desde el silencio: «Éste es tu regalo. Relájate. Disfruta».

Andres y yo nos hicimos amigos. A pesar de la gran diferencia de edad, sentía que era mi hermano. Bromeábamos el uno con el otro. Hablábamos con facilidad. Escuchábamos. Le sugerí que escribiera un libro y me ofrecí a ayudarle. Ése resultó ser el contrato editorial más importante de mi carrera hasta el momento. El libro se tituló *Homeless to Billionaire* (Trad. cast.: *De indigente a multimillonario*. Ediciones Obelisco, Barcelona, 2021). Andres siguió adelante y al año siguiente organizó otro evento, esta vez con Mike Tyson, Jack Canfield y yo como ponentes principales.

Durante mi visita a Tailandia, aprendí que ese país tiene una cultura de dar regalos. En los cumpleaños, la gente no espera recibir un regalo; lo da. Eso me chocó. Dado que yo nací en una fecha cercana a la Navidad, siempre me quejé de que la gente me daba sólo un regalo, diciendo que era para ambos eventos. Siempre me sentí estafado. Pero Tailandia hizo que despertara a un nuevo yo. Dejé de esperar recibir regalos y empecé a darlos.

Todo ello, gracias a la bondad inesperada de Andres Pira.

> «La bondad es la luz que disuelve todos los muros
> entre las almas, las familias y las naciones».
>
> Paramahansa Yogananda

El siguiente acto de bondad me resulta más difícil de describir porque es continuo y ambiguo. No estoy seguro de a quién atribuírselo. Me refiero a «El Gran Algo». Aquello a lo que podríamos llamar Dios.

Escribí una canción declarando que este «gran algo» siempre ha estado dentro de mí. Ciertamente, ha habido ocasiones en las que no lo veía o sentía, o no era consciente de su presencia e incluso lo negaba. Pero, en retrospectiva, siempre ha cuidado de mí. También hubo momentos de milagros espectaculares.

Te contaré uno de ellos.

Cuando estudiaba en la Kent State University en los setenta, pasaba la mayor parte del tiempo buscando libros. Dado que era un fan del escritor Jack London, quería leer su novela semiautobiográfica, *Martin Eden*.

Fui andando hasta una librería de libros usados en la periferia del centro de Kent. Era un lugar fantástico. Había sido un bar a principios del siglo xx, quizás antes, y todavía tenía la barra de madera, sólo que estaba cubierta de libros.

—¿Tiene el libro *Martin Eden*? —le pregunté a la propietaria, quien a esas alturas ya me conocía como un visitante habitual, si no un comprador, de su vieja tienda rústica.

—Estoy segura de que lo tengo –dijo, y me llevó a la sección de ficción. Los dos nos pusimos a revisar los títulos, pero no lo encontramos–. Supongo que lo vendimos –dijo.

Cuando me giré para salir de la tienda, toda la habitación se volvió borrosa. Fue como si todo se hubiera oscurecido. No podía ver los títulos de los libros. Pero uno de ellos parecía estar iluminado por un foco. No había ninguna luz en la tienda. No había reflectores ni focos. Y, sin embargo, un libro parecía estar iluminado con un tono dorado. Me fui directamente hacia él. Era *Martin Eden*.

Lo agarré, se lo mostré a la propietaria, quien estaba tan sorprendida como yo, y lo compré. Lo devoré. Estaba maravillado con la historia, con el estilo de escritura y con el final. El personaje de London se suicida al final. Fue un pasaje tan conmovedor… Recuerdo que se lo leí a mis hermanos cuando fui de visita a casa. Fueron inusualmente educados. Me escucharon. No recuerdo si lo entendieron. Pero yo sí. El libro se convirtió en una inspiración, la cual me llevó a realizar mi vocación de ser escritor. Pero ¿qué fue lo que iluminó el libro? ¿Cómo lo encontré, entre todos los libros, estando fuera de la sección correcta y de una forma que pareció sobrenatural?

El Gran Algo me guio hasta él. Empecé a escribir un libro titulado *The Great Something*, pero nunca avancé más que unas pocas páginas. Quizás nunca se convierta en un libro propiamente dicho, pero debo reconocer la bondad del creador conmigo. Siempre me he sentido protegido, incluso en los peores momentos. Pero ¿protegido por quién?

Por el Gran Algo.

Ésta es la letra de mi canción *The Great Something*:

Enojado con Dios, sangre en mis ojos;
ardiendo por dentro, nada de amor en mi interior.
La vida parecía injusta, tantas dificultades y luchas,
nada salía como quería, me sentía perdido sin luz

No tenía hogar y estaba furioso,
incluso mi alma sentía la desesperación.
Pero en medio de todo eso
algo más grande cuidaba de mí.

Busca señales de amor.
Busca señales de esperanza.
Busca al Gran Algo dentro de ti.
Busca al Gran Algo dentro de ti.

Desperté conmocionado,
el Gran Algo en mi interior
cuidaba de mí en todo momento,
guiándome como un aliado oculto.

En las noches oscuras y los días tristes,
en medio de mis preocupaciones y miedos,
en medio de mis dolores y lágrimas,
Él guiaba mi camino.

Busca señales de amor.
Busca señales de esperanza.
Busca al Gran Algo dentro de ti.
Busca al Gran Algo dentro de ti.

Casi causé mi propia muerte.
Casi rogué por un cambio.
Pero desperté al plan
de que todo era un regalo.

La vida saca lo mejor de ti.
Te obliga a buscar más allá,
te insta a vivir sin arrepentimientos,
te hace crecer y renovarte.

Busca señales de amor.
Busca señales de esperanza.
Busca al Gran Algo dentro de ti.
Busca al Gran Algo dentro de ti.

Los maestros dicen
no temas.
Siempre estás a salvo.
No temas.
El Gran Algo dice
No temas.
No temas.
No temas.

Busca señales de amor.
Busca señales de esperanza.
Busca al Gran Algo dentro de ti.
Busca al Gran Algo dentro de ti.

> «Sé bondadoso siempre que sea posible.
> Siempre es posible».

EL 14° DALAI LAMA

En mi vida sigue habiendo actos de bondad inesperada.

Como dije al principio de este pequeño libro, para escribirlo he querido concentrarme en los dones que recibí antes de llegar a cierto nivel de fama mundial, pues entonces las personas empezaron a verme como alguien importante o influyente, y a desvivirse para ser bondadosas conmigo. Aunque aprecio todo eso, yo diría que, en gran medida, no fue algo inesperado. Con frecuencia, en esos actos de bondad había interés; la expectativa de recibir algo a cambio.

He querido escribir este libro para mostrar la forma en que las personas fueron bondadosas conmigo cuando no esperaban recibir algo a cambio. Ellas me ayudaron porque fueron altruistas; lo que recibieron a cambio de su bondad fue la agradable sensación de saber que me habían ayudado. Nada más.

Hay una serie que he visto en Netflix llamada *Diarios de bondad* (*The Kindness Diaries*). El protagonista, Leon Logothetis, viaja por el mundo comiendo, durmiendo, o yendo a más lugares sólo cuando alguien es bondadoso con él. Es ayudado por personas a las que no conoce en absoluto, las cuales le ofrecen comida, un lugar donde dormir, o combustible.

Lo que esa gente no sabe es que él es una persona adinerada que está buscando un grupo selecto de personas para ayudarlas económicamente. Recuerdo un episodio en el que ve a una mujer que canta en la calle a cambio de donaciones. Su música y su historia lo conmueven hasta las lágrimas. Ella es una persona abierta e inesperadamente bondadosa. Leon le dice que le va a pagar su educación durante todo el año siguiente. Todos lloraron, incluido yo.

Actualmente hay gente bondadosa haciendo cosas amorosas en mi vida y en las vidas de otras personas, incluso en la tuya. Lo que te desafío a hacer es que seas una fuente de bondad inesperada para otros. Como lo demuestran estas historias de mi vida, a veces las pequeñas cosas tienen un impacto profundo y duradero.

Ahora es tu turno.

Haz un acto de bondad inesperada.

¿Y qué te parece si haces uno cada día durante el resto de tu vida?

¿Y si haces uno ahora mismo?

Espera milagros.

Libros de una bondad inesperada

Los libros han sido una fuente de bondad inesperada para mí. A lo largo de mi vida, hay algunos libros especiales que han sido mis amigos, aliados, oráculos, terapeutas y más cosas. Aquí te ofrezco algunos de mis favoritos, de toda una vida de lectura. Ésta no es una lista completa, y no está en ningún orden en particular; simplemente son los libros que recuerdo y que releo a menudo:

Man's Search for Meaning, de Victor Frankl. (Trad. cast.: *El hombre en busca de sentido*, Herder Editorial, Barcelona, 2015). Una obra de arte. Un clásico. El autor fue un terapeuta que estuvo prisionero en un campo de concentración nazi. Lo que Frankl aprendió acerca de la supervivencia cambiará tu vida para siempre. La vida tiene sentido, pero debes buscarlo. Léelo.

Psycho-Cybernetics, de Maxwell Maltz. (Trad. cast.: *Psico Cibernética: El secreto para mejorar y transformar tu vida.* E-book. Sapiens Editorial, Barcelona, 2017). Si lees solamente un libro de esta lista, tendría que ser esta joya de 1960. Maltz fue un cirujano plástico que descubrió que el verdadero cambio ocurre en nuestro interior, no en el exterior.

Moonshots, de Naveen Jain. ¿Piensas que en el mundo no hay oportunidades? Piensa otra vez. Jain está buscando minerales en la Luna y trabajando para que la enfermedad sea algo opcional. No hay limitaciones en el mundo real de la abundancia. Un manifiesto apasionante.

Principles, de Ray Dalio. (Trad. cast.: *Principios.* Editorial Deusto, Barcelona, 2018). Sabiduría de la experiencia de vida de un multimillonario. No es un libro para leer en un día, sino que lo disfrutarás cada día durante un año. Es un manual de instrucciones para la vida y los negocios. Detallado. Abrumador. Alucinante.

How to Win Friends and Influence People, de Dale Carnegie. (Trad. cast.: Eclipse Editorial, 2023). Después de haber leído la biografía de Carnegie (*Self-Help Messiah*), decidí volver a leer este famoso libro suyo. Es una *obra de arte.* Estoy *asombrado* por su estilo de escritura conversacional, sus poderosas historias y su mensaje fresco. Muy valioso.

The Power of Impossible Thinking, de Yoram y Cook. Un libro que te cambia la vida. Te ayuda a pensar sobre tus pensamientos, lo cual te libera para que puedas pensar de una forma distinta a los patrones estándares predecibles. He puesto este libro en todas las listas que he creado en mi vida. Léelo.

The Book of est, de Luke Rhinehart. Hipnótico. Me gustó tanto que lo publiqué cuando dejó de publicarse. Es un relato de ficción del infame y polémico seminario de autoayuda de los setenta. Está tan bien escrito que sientes que estás en el auditorio. Trata sobre el empoderamiento y la responsabilidad personales. Te hará sentir vergüenza. Posteriormente conocí y entrevisté al autor (que también escribió *El hombre de los dados,* otro libro que tuvo una gran influencia en mí cuando estaba en el instituto).

Total Recall, de Arnold Schwarzenegger. (Trad. cast.: *Desafío total,* Ediciones Martínez Roca, Barcelona, 2012). Increíblemente genial. Incluso «¡Fantástico!». Hiperventilé leyendo la autobiografía de este hombre que ha sido fisioculturista, estrella de cine, gobernador y más cosas. Aprendió sus duras reglas para el éxito en el gimnasio y las aplica a todo. Emocionante.

I, Mammal, de Loretta Breuning. Revelador. Lee *todos* sus libros. Loretta destaca, básicamente, que somos monos con un cerebro de mono que reacciona. Cuando te das cuenta de ello, tomando conciencia y con disciplina, puedes dejar de ser como un mono y ser más como un simio que ha despertado.

You Are the Placebo, de Joe Dispenza. (Trad. cast.: *El placebo eres tú: descubre el poder de tu mente,* Ediciones Urano, España, 2014). El autor explica cómo es posible sanar muchas enfermedades «incurables» sólo con el pensamiento, detallando la forma en que la mente influye en *todo.* En cierto modo, éste es un manual sobre cómo crear el efecto placebo *cuando sea necesario.* Fascinante.

The Elements of Eloquence, de Mark Forsyth. Divertido, gracioso, flipante. Convertirá tu escritura en un generador de hechizos. Este libro encantador demuestra los elementos de la elocuencia mientras los explica.

The Magical Power of Emotional Appeal, de Roy Garn. Este libro me gusta tanto que lo compro cada vez que encuentro una nueva edición. Lo he leído muchas veces. Garn revela que todos somos guiados emocionalmente y nos muestra cómo utilizar eso para influir en los demás. Una joya.

The Third Door, de Alex Banayan. (Trad. cast.: *La tercera puerta,* Editorial Conecta, Barcelona, 2018). La mayoría de las personas, cuando quieren alcanzar un objetivo, trazan una línea recta hasta la puerta principal. Hacen lo que hace todo el mundo. Otras se unen al círculo íntimo de los *influencers* que podrían ayudarles a conseguir lo que quieren. Pero ¿y si la puerta principal está cerrada y no puedes acceder a ese círculo íntimo? Entonces, buscas (o creas) «La tercera puerta». Cualquier cosa *es* posible, pero quizás tengas que abrir la tercera puerta. Un libro magnífico.

The Law of Success, de Napoleon Hill. (Trad. cast.: *Las leyes del éxito: en dieciséis lecciones,* Ediciones Obelisco S. L., Barcelona, 2024). Busca la versión en inglés de 1928 (no la de 1925) de esta importante obra del famoso autor de *Piense y hágase rico*. Este volumen gigantesco fue su *magnum opus*. Todo lo que necesitas saber sobre el éxito está ahí. Devóralo.

Outwitting the Devil, de Napoleon Hill. (Trad. cast.: *Burlar al diablo.* Editorial Quarzo, México, 2020; *e-book*). Ay, Dios mío. Era demasiado escandaloso para ser publicado en la época en que Napoleon Hill vivía, y no salió a la venta hasta décadas después de su muerte. Aunque es un libro de ficción, me hizo sudar cuando me di cuenta de que «el diablo» era mi propia mente.

The Science of Storytelling, de Will Storr. (Trad. cast.: *La Ciencia de contar historias*, Capitán Swing Libros, Madrid, 2022). Déjame que te cuente una historia… Compras, vendes y compartes historias. Cuanto mejor sea la historia, mejor será el resultado. Este brillante libro me abrió los ojos a cómo funciona nuestra mente y cómo podemos comunicarnos mejor para conseguir los resultados que deseamos. Me encantó.

Ego Is the Enemy, de Ryan Holliday. Detesto el título, pero estoy seguro de que mi es mi ego el que tiene una objeción. Holliday ha llevado el estoicismo a las masas, sin ayuda de nadie. Todos sus libros son brillantes, incluidos *The Obstacle Is the Way* y *Stillness Is the Key*.

The Will to Live, del Dr. Arnold A. Hutschnecker. (Trad. cast.: *La voluntad de vivir*. Los Libros del Comienzo. Madrid, 1999). Esta obra de arte de 1951 revela que tu mente inconsciente está dirigiéndolo todo. Es posible que no logres lo que quieres debido a influencias subconscientes. Este libro fascinante demuestra cómo funciona la mente interior y ayuda a guiarte para que puedas eliminar los bloqueos ocultos hacia la libertad.

The Robert Collier Letter Book, de Robert Collier. Éste es, sin lugar a dudas, el libro más poderoso que existe sobre redacción publicitaria. Este autor metafísico fue un redactor publicitario legendario. Sus muestras parecen pasadas de moda, pero yo he basado muchas de mis cartas de ventas más exitosas en su obra. Oro puro.

The Nature of Personal Reality, de Jane Roberts. (Trad. cast.: *La naturaleza de la realidad personal.* Editorial Luciérnaga, Barcelona, 2002). Éste es un libro «canalizado» y fue el que inició todo esto. Es grande y detallado, y fue el primero en introducirme en el tema de las creencias y cómo éstas crean la realidad. El fantasmal «Seth» puede haber sido la fuente, o no, pero la sabiduría que hay en este libro es práctica y alucinante.

Rejection Proof, de Jia Jiang. Dejé de preocuparme por ser rechazado después de leer este libro. Grandes historias. Muy entretenido.

The Science of Getting Rich, de Wallace Wattles. (Trad. cast.: *La ciencia de hacerse rico.* Editorial Sapere Aude, Oviedo, 2022). Un libro antiguo (1910) pero relevante. Inspiró la película *El Secreto,* aunque es más práctico que metafísico. Léelo con concentración para poder entenderlo.

Meditaciones, de Marco Aurelio. Cuesta creer que el emperador Marco Aurelio escribiera esto *para sí mismo* hace dos mil años. Él es la persona que representa el estoicismo. Este libro es el compañero secreto de algunas personas realmente importantes. Es muy profundo.

The Courage to Be Disliked, de Ichiro Kishimi y Fumitake Koga. (Trad. cast.: *Atrévete a no gustar.* Editorial Zenith. Barcelona, 2018). Un éxito de ventas en Asia. Trata sobre entender que eres una máquina de crear significado. Cambia el significado y cambiarás tu vida. Prepárate para ser completamente tú.

Sanity, Insanity, and Common Sense, de Rick Suarez, Roger Mills y Darlene Stewart. En este libro de 1987 hay algunas joyas que revelan su profundidad: «El hecho es que, en realidades distintas, todos tienen la razón y todos están diciendo la verdad tal como ellos la ven». «El estrés es consecuencia del pensamiento; no es inherente a las situaciones o las circunstancias». «Una realidad es una *apariencia. Es como *parece* que algo es*». Uff. Eso es sabiduría.

Pollyanna, de Eleanor Porter. (Trad. cast.: *Pollyanna.* Editorial Susaeta, 2015; *e-book*). Este clásico de 1913 está escrito de una forma deliciosa, con toda la energía de una película de acción y, al mismo tiempo, transmite brillantemente uno de los métodos de autoayuda más sencillos y profundos de todos los tiempos. Léelo y aprende, además, a jugar al juego de estar contento. Una joya.

The Power of Neuroplasticity, de Shad Helmstetter. Una guía conversacional sobre cómo utilizar tu cerebro de una forma científica para alcanzar metas. Basado en estudios serios. Genial.

The Practical Visionary, de Corinne McLaughlin. Este libro ofrece pruebas abrumadoras de que todos los problemas sociales que uno puede mencionar están siendo atendidos. Aunque los medios de comunicación dominantes rara vez muestran las cosas buenas que está haciendo la gente, ver toda esa evidencia de cosas positivas es maravilloso. Además, te muestra cómo ser un visionario práctico. Es inspirador y reconfortante.

The Yamas & Niyamas, de Deborah Adele. (Trad. cast.: *Yamas & Niyamas: La ética del yoga.* Editorial Sirio, Málaga, 2019). Una obra de arte espiritual. Explora la forma en que utilizamos las directrices éticas de la práctica del yoga para tener una vida con sentido. Está escrito de una forma muy bella, con ejemplos que dan vida a los principios.

Estratagemas, de Frontino. Escrita en el siglo i d. C. por un general de la antigua Roma, esta fascinante colección de historias reales revela estrategias militares creativas de la historia griega y romana. Muy fácil de leer, sorprendente y entretenido.

Personality Isn't Permanent, de Benjamin Hardy. (Trad. cast.: *Transforma tu personalidad.* Editorial Edaf, España, 2021). Empoderador.

Liberador. La idea de tomar decisiones, ahora que mi «Yo futuro» me agradecerá más adelante, es suficiente para recomendar este gran libro, pero hay más jugo en él: todo sobre cómo liberarte de las limitaciones mentales. Léelo.

Martin Eden, de Jack London. (Trad. cast.: *Martin Eden.* Editorial Verbum, España, 2020). Mi mente de dieciocho años fue vívidamente influida por esta famosa novela semiautobiográfica de 1909. Hizo que me comprometiera a escribir libros, pasara lo que pasara. Afortunadamente, no me quité la vida, como lo hace Eden en el libro, y posteriormente London en la vida real.

The Magic of Believing, de Claude Bristol. (Trad. cast.: *La magia de creer.* Taller del éxito, *e-book,* 2021). Esta obra de arte de la autoayuda de 1948 influyó en todas las personas, desde Liberace hasta el comediante Phyllis Diller, y también a mí. Lo leí en mi adolescencia y nunca olvidé el sentimiento de empoderamiento que me proporcionó y que todavía hoy me proporciona. Un clásico muy querido.

Zen in the Art of Writing, de Ray Bradbury. (Trad. cast.: *Zen en el arte de escribir.* Minotauro, Barcelona, 2020). Originalmente publicado en 1973 como un libro delgado, pero engrosado con nuevos ensayos y reeditado varias veces. La pasión de este famoso escritor de ciencia ficción por la escritura me pareció fascinante.

Fortunes For All, de Vash Young. El libro que Young escribió en 1931, *A Fortune to Share,* me conmocionó cuando lo leí por primera vez en 2018, como probablemente les ocurrió a todas las personas que lo leyeron durante la Gran Depresión. Daba esperanza a la gente y se convirtió en un éxito de ventas en EE. UU., Vash escribió varios libros posteriormente, pero el último, *Fortunes For All,* es mi favorito. Publicado en 1959, cuando Young tenía más de setenta años, narra en detalle una vida de gratitud y generosidad. Tu fortuna está en tu mente y este libro te explica cómo utilizarla. Me encanta.

Consciously Creating Circumstances, de George Winslow Plummer. No he dejado de releer este libro escrito en 1953, el año en que nací, aunque probablemente no lo encontré hasta la década de los ochenta. Me encanta la forma tan clara en cómo explica unas ideas espirituales muy complejas. Explica el poder de la mente, cómo crear formas de pensamiento que luego salen al mundo para crear lo que tú deseas. El libro de este autor representa una bondad inesperada.

Cartas de un estoico, de Séneca. Estas cartas de hace doscientos siglos todavía me hablan en la actualidad, como si Séneca las hubiera escrito para mí. Fue una bondad inesperada por su parte el hecho de que pensara intencionadamente en las generaciones futuras y nos transmitiera su sabiduría.

At Your Command, de Neville Goddard. (Trad. cast.: *A tus órdenes.* Wisdom Collection, 2017). El primer libro de Neville tuvo tanta influencia en mí que lo volví a publicar décadas después de su muerte. Él decía y escribía que cuando deseamos algo tenemos que «sentir que es real»; imaginar que lo que queremos ya es nuestro. Me encantan todos sus libros. Me hubiera encantado conocerlo.

Bibliografía de Joe Vitale

Ésta es una lista parcial de libros publicados, y no incluye libros en coautoría, 333 cursos *online*, productos digitales, pódcast, aplicaciones o películas.

Libros

The Abundance Paradigm (2022) (Trad. cast.: *El paradigma de la abundancia.* Ediciones Obelisco, Barcelona, 2023).
Adventures Within (2003).
Karmic Marketing (2021).
The Fifth Phrase (2021).
Hypnotic Selling Secrets (2022).
The Secret to Attracting Money (2021) (Trad. cast.: *El secreto para atraer el dinero.* Ediciones Obelisco, Barcelona, 2022).
Money Loves Speed: From Stress to Success: Revealing the 8 Laws (2020).
The Art & Science of Results (2020).
Anything Is Possible: 7 Steps for Doing the Impossible (2018).
Greatest Law of Attraction Quotes (2017).
Hypnotic Marketing (2005 y 2015).
At Zero (2013). (Trad. cast.: *En el cero.* Ediciones Obelisco, Barcelona, 2014).
Faith (2013).
The Abundance Manifesto (2013).
Healing Music (2013).
Attract Money Now (2012).
The Awakening Course (2011).

The Attractor Factor (2005 y 2009) (Trad. cast.: *El poder de la atracción.* Ediciones Obelisco, Barcelona, 2017).

The Secret Prayer (2009) (Trad. cast.: *La plegaria secreta.* Ediciones Obelisco, Barcelona, 2016).

The Miracle: Six Steps to Enlightenment (2016) (Trad. cast.: *El Milagro: seis pasos hacia la iluminación.* Macro Ediciones, Barcelona 2018).

There's a Customer Born Every Minute: P. T. Barnum's Amazing 10 «Rings of Power» for Creating Fame, Fortune, and a Business Empire Today (1998 y 2006).

Zero Limits (2007) (Trad. cast.: *Cero límites.* Ediciones Obelisco, Barcelona, 2011).

Hypnotic Writing (1995 y 2006).

The Key (2007) (Trad. cast.: *La llave.* Granica, Barcelona, 2008).

Life's Missing Instruction Manual (2007).

Expect Miracles: The Missing Secret (2008).

Buying Trances (2007).

The Seven Lost Secrets of Success (1992 y 2007).

Instant Manifestation (2011).

The Awakened Millionaire (2016) (Trad. cast.: *El millonario concienciado.* Ediciones Obelisco, Barcelona, 2017).

The Miracles Manual: The Secret Coaching Sessions (2013). 3 volúmenes.

The Greatest Money-Making Secret in History (2003).

Spiritual Marketing (2001) (Nuevo título: *The Attractor Factor.* Trad. cast.: *El poder de la atracción.* Ediciones Obelisco, Barcelona, 2017).

CyberWriting (1996).

The AMA Complete Guide to Small Business Advertising (1994).

Zen and the Art of Writing (1994).

Programas de Audio

The Awakening Course.
The Missing Secret.
The Secret to Attracting Money.
The Abundance Paradigm.

The Ultimate Law of Attraction Library.
The Zero Point.
The Power of Outrageous Marketing.

Álbumes de cantautor (con la Band of Legends)

One More Day.
Strut!
Sun Will Rise.
The Healing Song.
Reflection.
The Great Something.

Álbumes de música alternativa

Blue Healer.
Afflatus.
Stretch (con Ruthie Foster y Daniel Barrett).
No Words (con la Band of Legends).

Álbumes instrumentals
(con Guitar Monk Mathew Dixon)

At Zero.
Aligning to Zero.
432 to Zero.
Invoking Divinity.
Higher Octaves.
The Enlightenment Audio.

Índice

JOE VITALE

EL PODER DE LA
ATRACCIÓN

5 pasos sencillos para crear riqueza
(o cualquier otra cosa)
del interior al exterior de uno mismo.

EDICIONES OBELISCO

¿Trabajas duro, haces todo correctamente y aún así pocas veces consigues los resultados que esperabas?

Mientras luchas para llegar a fin de mes, ¿deseas ser una de esas personas afortunadas a las que parece que la vida les sonríe y que tienen el éxito al alcance de la mano?

En realidad, tú podrías ser una de ellas.

TERRI LEVINE • LARINA KASE • JOE VITALE

EL
COACH
DEL
ÉXITO

Los mejores consultores del momento te desvelan sus secretos

EDICIONES OBELISCO

En este libro está todo lo que necesitas saber para ser un coach de éxito. Entre muchas otras cosas, aprenderás:

- Conceptos y técnicas para mejorar tus competencias como asesor.
- Estrategias de mercadotecnia para conseguir clientes y optimizar tu negocio.
- Cómo reforzar tus competencias y habilidades únicas.
- A superar tus miedos e inseguridades.

Tanto si eres consultor como si deseas serlo, este libro te ayudará a superar las creencias que te limitan y te dará los conocimientos para que lleves a cabo esta práctica con eficacia.

Los autores, considerados unos de los mejores coaches actuales, te cuentan sus propias experiencias para ayudarte a explotar esa mezcla única de habilidades y conocimientos que ya posees y llegar a ser un excelente coach.

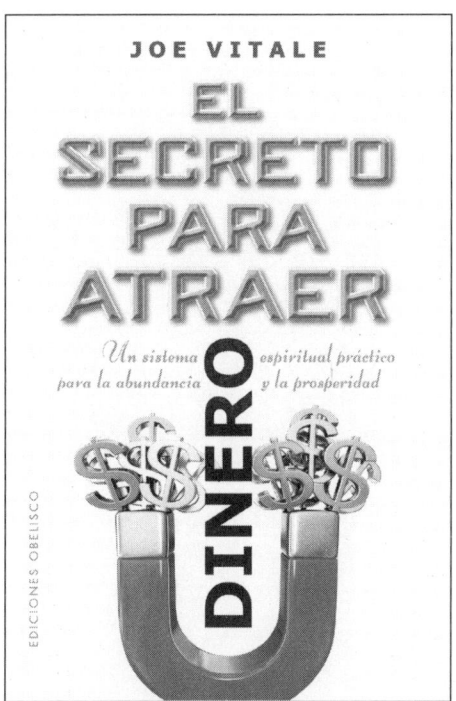

¡El Dr. Joe Vitale, autor de éxito de ventas y protagonista junto a otros actores de *The Secret*, te enseña cómo atraer dinero con facilidad y sin esfuerzo aprovechando el asombroso poder de la Ley de la Atracción!

El potencial para atraer dinero y crear abundante riqueza no reside en tu trabajo, tus circunstancias personales, ni siquiera en tu economía. Reside dentro de ti. Tu mente está provista de la capacidad natural de atraer tanto dinero como desees y necesites, en cualquier momento, lugar y situación financiera, sin realizar esfuerzo alguno. Sólo tienes que saber cómo activar esta ley.

Con este libro aprenderás a identificar y conquistar los bloqueos mentales inconscientes, los mitos y las ideas equivocadas que circulan sobre el dinero, y las creencias limitantes que impiden que atraigas el dinero y descubras nuevos procesos de pensamiento que te abrirán las compuertas del dinero y la riqueza.